稻盛和夫：让工作快乐起来！

［日］锅田吉郎　著

任世宁　译

人民东方出版传媒
People's Oriental Publishing & Media

东方出版社
The Oriental Press

图书在版编目（CIP）数据

稻盛和夫：让工作快乐起来！ /（日）锅田吉郎 著；任世宁 译 . — 北京：东方出版社，
2015.5
ISBN 978-7-5060-8197-9

Ⅰ.①稻… Ⅱ.①锅…②任… Ⅲ.①企业管理－经验－日本－现代 Ⅳ.① F279.313.3

中国版本图书馆 CIP 数据核字 (2015) 第 106946 号

INAMORI KAZUO " SHIGOTO WA TANOSHIKU"
by Yoshio NABETA
©2013 Yoshio NABETA
All rights reserved.
Original Japanese edition published by SHOGAKUKAN.
Chinese translation rights in China (excluding Hong Kong, Macao and Taiwan) arranged with SHOGAKUKAN
through Shanghai Viz Communication Inc.

本书中文简体字版专有权属东方出版社
著作权合同登记号 图字：01-2014-8029 号

稻盛和夫：让工作快乐起来！
（ DAOSHENGHEFU:RANG GONGZUO KUAILE QILAI! ）

作　　者：[日] 锅田吉郎
译　　者：任世宁
责任编辑：贺　方
策　　划：吴常春
出　　版：东方出版社
发　　行：人民东方出版传媒有限公司
地　　址：北京市东城区东四十条 113 号
邮政编码：100007
印　　刷：三河市中晟雅豪印务有限公司
版　　次：2015 年 8 月第 1 版
印　　次：2017 年 12 月第 2 次印刷
印　　数：8001—11000 册
开　　本：787 毫米 × 1092 毫米 1/32
印　　张：9.75
字　　数：100 千字
书　　号：ISBN 978-7-5060-8197-9
定　　价：32.00 元
发行电话：（ 010 ）85924663 　85924644　85924641

目录
CONTENTS

| 序章　JAL 究竟发生了什么？

"积极面向未来，让工作快乐起来！" 2010 年 2 月 1 日，稻盛和夫就任日本航空公司（以下称 JAL）会长后，立刻召集公司全体干部，会上他提出了上述口号。但也就是在他就任会长十天前的 1 月 19 日，已陷入 2.32 万亿日元债务危机的 JAL，申请适用《公司再生法》。破产公司的股票瞬间变成一堆废纸，约 40 万名股东蒙受经济损失（2 月 20 日股票停牌）。金融机构也被迫放弃 5000 多亿日元的债务，也就是说它们的金融贷款被一笔勾销。更让国民不满的是，为 JAL 的重建，国家还要从企业再生机构中，出资高达 3500 亿日元（当时属过渡性融资）注入 JAL。即便如此，谁也不能保证 JAL 不会再次破产。就是在这样的大背景下，稻盛居然提出了"让工作快乐起来！"的口号。从此，稻盛不断深入到飞行员、空乘人员、维修人员和地勤人员中去，不厌其烦地向他们直接宣传这句口号。

此时的 JAL 员工，在工作中要经常面对被乘客辱骂为"税金骗子"的场面，生活上工资被砍掉三成，因为是破产企业员工，不能在银行申领信用卡，甚至不能开欢送会送别离开公司的前辈和同事们，只能眼睁睁看着他们孤独离去的背影。也正是在这种逆境中，稻盛大胆提出了"让工作快乐起来！"的口号。然而，破产仅仅过去两年半的时间，JAL 就奇迹般重获新生，2012 年 9 月 19 日，JAL 重新完成上市。许多媒体都称赞让它重获新生的动力就是稻盛积极宣传的、经过他长期倾注心血形成的意识改革的思想。

我从 JAL 公司有关人士那里听到这些故事后，开始了对 JAL 的专访。从创立京瓷公司到组建第二电电（现在的 KDDI）公司，企业家稻盛和夫被誉为千古奇才。他来到 JAL 后，不断向员工灌输意识改革的思想，其宗旨是"积极面向未来，让工作快乐起来"。我希望搞懂这句口号的真正含义，了解 JAL 每一位员工是如何领悟和消化它的。这是因为我一直在思考着同一问题，即我们现在是不是应该重新考虑到底为什么要工作？应该如何面对工作？在每一个不同的采访现场，我都有过切身的体会。

"我比没工作的朋友强得多。"一位 2011 年进入服装行业的年轻人小声地告诉我。在他工作的店铺里，正式员工只有店长和他两个人，其余的都是临时工，能交给他们做的工作有限，所以，他自己必须从管理仓库、财务到清扫厕所，什么都得干，每天要工作到深夜。"原来听说某某企业很黑，现在我感到我们的企业比它更黑，加班根本不给加班费。如果为了加班费向人事部门申诉，店长就要承担责任，所以我不敢去说。以前，我看到因长时间工作而自杀的报道以为与自己无关，现在却深有体会。目前，与我同期进入公司的员工已经有三分之一的人离了职。我因为考虑到不是正式员工未来没保障，所以现在不敢辞职。话说回来，即便我辞了职，立刻就会有新人顶替这个位置，像我这样的人顶多算是公司的一个成本核算单元罢了。"

在众多街道工厂聚集的东京都大田区，工人的年龄日趋高龄化。"以前，经常讲这里是3K(K字打头的日语：苛刻、脏乱、危险)地区，年轻人都敬而远之，但随着新闻的宣传和报道，年轻人知道这些街道工厂生产着火箭和F1赛车的零部件，支撑着日本的尖端科技后，希望来此就业的人也逐渐增多。由于经济不景气，大企业减少招工，一些大学毕业生或硕士生也到这里就业，但……"一位拥有亚微米（万分之一毫米）研磨技术、为尖端机床加工零部件的某金属加工厂厂长（68岁）接着说："也许十年后，我的工厂就不复存在了。当我们面试学生时，他们根本不关注工作是否有趣，只关心福利待遇和是否加班等。我的工厂只有六人，当然不能用大企业的尺度衡量。

他们肯定会问是否有发展前途，说实在的，我们工厂的前途一片漆黑黯淡。虽说拥有最先进的技术，但人工费便宜的中国和东南亚一些国家的技术水平也追赶上来，如果有机械设备，他们也能生产千分之一毫米精度的产品。此外，我们自己无法控制工作量的多少，说不好在什么时候会因订单减少而倒闭。我的一位为生产半导体装置加工零部件的朋友，他的工厂有一年销售额上涨了 300%，当时他就买了辆奔驰车到处炫耀，高兴得不得了。但几年后销售额锐减到 3%，结果倒闭了。现在，我们无法开口让自己的子女继承这种家族式的街道工厂，结果就造成年龄上更老龄化。"

有些年轻有为的官僚厌倦了霞关（译者注：特指日本政府所在地）的工作，自动离开了霞关。我曾见过财务省的某些年轻官员，他们都对我讲过这样的心里话："无论我们编写出多好的计划书，都要经过副科长、科长、局长……各个关口审批。在此期间，只要遇到一位不求有功但求无过的庸官，我们的努力就会泡汤。我们是带着描绘日本未来蓝图的美好梦想进入政府机构的，但等待我们的是你必须墨守成规。我们的梦想将无法实现。我们身处在一个唯马首是瞻的世界里，领导的旨意就是我们的一切，这让我感到既愚蠢又可笑。"

"在霞关，三分之一的人认为必须变革，三分之一的人属于既得利益的保守派，剩余三分之一的人属骑墙派，两头观望随大流。由于保守派占据着这条链条的顶端，因此，霞关是绝对不会改变的。对此，我深感自己的渺小和无能为力。

"纵使我们每天都加班到深夜，那么认真地工作，但作为公务员只要出现一丝丑闻，这一生就完蛋了。另外，我们与进入外资金融机构的大学同期生相比，工资还不到他们的五分之一。我们不知道为什么而工作，也根本没有工作的动力。"

没工作、工作无聊、有工作也看不到未来，全日本都在发牢骚。鉴于这种状况，我更希望了解在JAL到底发生了什么？那位稻盛到底做了些什么？我想，如果我能把真相告诉给更多的人，其意义会更大。

"让工作快乐起来"，这到底意味着什么？工作到底又是什么？怎样才能改变对待工作的态度？这些在JAL真的被改变了吗？带着这些疑问，我采访了稻盛，并有机会从总公司正式员工以及负责JAL地方机场业务的外包企业员工那里收集到了部分证言。

JAL的复兴不过是一个大舞台，在这个舞台上3.2万名演员是如何进行意识改革、如何改造工作观的，这正是本书投射的焦点。

我们应该如何面对工作？如果我的这本书能点亮正在寻找工作的年轻学生，公司新员工、骨干到经营者的这部分读者的心房，我将感到无比荣幸。

第一章　让工作快乐起来的真正含义

——稻盛和夫的工作观

JAL 公司总部位于东京都品川区的天王洲。2004 年，为压缩迅速膨胀的有息负债，公司大厦以 650 亿日元卖给了野村不动产公司，然后再从该公司租回使用。从那时起，JAL 就经常被外界传闻经营不善。2010 年 1 月 19 日，这种传闻终于变成现实，JAL 倒闭了，它正式向东京地方法院申请了《公司再生法》。作为 JAL 重建的最后希望，他们以三顾茅庐之礼迎请了稻盛和夫。众所周知，稻盛是个被誉为千古奇才的著名企业家，他亲手创立了日本京瓷、第二电电（现在的 KDDI）公司。

2013 年 6 月 5 日那天早晨，天气十分闷热，从 JAL 总部 24 层的会客室远远望去，在挂满彩霞的天空那端，隐约可以看到羽田机场起降的飞机。就在此时，看上去完全不像 81 岁高龄的稻盛和夫，踏着坚实的步伐走进了房间。

"让工作快乐起来"的真正含义是什么？

这是我写作这本书的出发点，某种意义上说也是终点。为了挖掘稻盛的真实想法，我在这间屋子里采访了他。他表情安详，慢慢打开了话匣子。

只有努力喜欢工作，才能"让工作快乐起来"

要想快乐工作，必须努力喜欢工作。努力喜欢工作，就要求我们从今天到明天，明天到后天，日日积累不断创新。

有些人经常会说："我想干自己喜欢的工作，找自己喜欢的职业，但就是找不到，很苦恼。"所谓喜欢的工作并不是那么容易找到。首先，我们面前不会自动摆上我们喜欢的工作。那该怎么办呢？我认为，我们必须首先干好自己眼前的本职工作。

眼前的工作也许很艰辛，但我们必须努力地去喜欢它、适应它。要努力思考不断创新，只有透过这种不断创新才能提高成绩。人这个东西很奇特，只要他觉得有趣，就会感到快乐，然后，他就会真正喜欢那份工作。曾经有过这样的例子，空乘人员（CA）在舱内销售的商品都是由 JAL 公司企划部门策划和采购的，然后交给空乘人员所属的客服本部负责舱内的销售。从空乘人员的角度上看，某种意义来说，他们是被迫进行销售的。在调查部门独立核算过程中，我发现了这个问题并找到客服本部负责人专门谈话。我说无论是大商场还是大超市，它们首要的任务是让客人进来。但舱内的销售与它们完全不同，我们从一开始就已经有了客人，并且空乘人员与客人之间还会有相当长的时间进行接触，这对商品销售来说是个绝好的机会。如果想做到让客人真心愿意多购买，就一定不要再让企划部门决定采购什么样的商品，应该由空乘人员采购自己也想买的商品。因为，空乘人员最知道现在市面上什么最流行，什么商品客人最喜欢。如果他们自己能策划和采购的话，销售额肯定翻倍，效益会更好。

从那时起，空乘人员就开始参与进货。现在，客服本部每月的销售利润高达数亿日元。通过这样的改革，空乘人员掌握了每个月的销售情况，他们知道上个月只卖出这么多，接下来就会多动脑筋想办法，争取下个月多卖一些。这样，他们对工作越来越感兴趣，也能越来越快乐地面对工作了。

人生的大部分消耗在工作上，因此必须让工作快乐起来

我们为什么必须让工作快乐起来呢？

在谈这个问题前，我们应该搞懂什么是工作。人的一生中，工作所占的比重非常大。一般人都会这样想，平日里我努力工作，空余的时间我就用到自己的兴趣或休闲上。但我不这样看，我认为，人要生存下去，工作必然会占据人生的绝大部分时间。因此，要活着就必须努力工作。让我们看看大自然，无论是动物还是植物，如果不努力，它们根本无法生存，这是自然法则。即便是生长在柏油路上的杂草，春天一到它们也会发芽生长。无论面对什么样的环境，它们都会努力地活着，那些不努力活着的动植物早已绝种了，不用努力而能活下来的也只有我们人类。但我认为，努力地活着也是我们人类生存下去的根本。

为了能在严峻的社会中努力生存下去，即使我们对眼前的工作感到痛苦，也应该相信这种痛苦不会长久。所以，即便我们现在从事的不是自己喜欢的工作，但考虑到既然大半个人生都要消耗在工作上，那还不如让自己努力去喜欢它，快乐地面

对它。如果不这样做，就等于我们的人生失败了。我一直都这样认为，直至做到 81 岁的今天。因此，无论面对多么严峻和艰难的局面，我从不发牢骚和抱怨，永远是积极面向未来，努力地工作着。

全身心投入工作后情绪就会高涨，随之好运也会到来

工作还能使人性得到升华。全身心投入工作后，人就没有时间发牢骚，如果你嘟嘟囔囔不停地发牢骚，根本就无法工作。所以，只要你全身心投入工作，一定会忘掉私心杂念。这就如同苦行僧修行一般，在全身心投入工作后，你会在不知不觉中情绪高涨，心地也会变得更善良。至少我本人是这样认为的。

以前，在一场电视的采访节目中，有一位专修神社、宫殿的木匠上了镜头，这位木匠说："如果你要使用千年树龄的木材，你就必须做出能够历经千年而不朽的作品。"我为这精辟的言语而感动。我想，这些思想肯定不是他通过书本能够学到的，是他在童年时代从学徒工做起，历经数十年的钻研，通过一副刨子和一根凿子慢慢磨炼而成，最终达到了崇高的境界，讲出了让所有人都为之震撼的一句话。他让我深深认识到，能全身心投入工作的人其人性必然是高尚的。工作也许很艰苦，只要努力去喜欢工作，让工作快乐起来，拼命地去干工作，随之人性也会得到升华。无论什么样的工作，只要全身心地投

入，谁都会成为专家，都会迅速成长起来。并且，如果再能保持良好的心态，肯定会出现令我们意想不到的好事，人生也会出现好的转机。

我本人就是如此，大学毕业时我没有被向往的公司录用。在那经济不景气的年代，我由恩师推荐，进入了一家濒临破产的公司。刚刚进入公司的 4 月，那家公司发薪日就发不出工资，一个星期后才补发了拖欠的工资。另外，那家公司工会与资方长年累月对立，劳动争议不绝，问题很多。与我同期进入公司的五个人中，有四个人没过一年就陆续辞了职，最后只剩下我一个人，因为我没有其他可去的地方，只好留在那里。那是个就业难的年代，但这家公司是赤字经营，到了发薪日发不出工资，因此是走是留的确让我苦恼了一番。最终，我下定决心留下，决心先努力把眼前的工作做好。我全身心投入到高性能陶瓷的研究，完全没有抱怨和发牢骚的时间，每天吃住在科研室，在炭炉上自己煮饭和煮酱汤。因为没日没夜地投入研究，我仿佛忘掉了人世间的烦恼和忧愁，就像苦行僧那样苦苦修行。全身心投入工作后，我忘掉了辞职的念头，工作越干越有趣。于是我更加努力，渐渐地研究成果就显露出来了。我的研究成果直接影响到公司的业绩，我的人生也开始向好的方面转变。

工作并不完全是为了赚钱

如果你拼命地工作，它会给你带来生活的喜悦和人生的价值，并使人性得到升华。通过前面说到的那位木匠的事例可以证明，日本原本就有这样的价值观。但随着现代化、尤其是近年的全球化的风潮，日本人的工作观发生了巨大改变，更趋向欧美化。在欧美资本主义的背景下，股份公司追求的是股东利益的最大化，为此，提高业绩和提升利润是股份公司的根本。从经营者到一般员工必须为此而努力，结果就是如果完成股东们期待的业绩，经营层就能按照职务获得巨额报酬。也就是说，欧美式的经营理念是以金钱奖励为诱饵开发人的积极性的。同样，欧美的工作观也是教导人要在最短的时间里赚最多的钱，工作的动机就是为了赚钱。

当然，赚钱的动机是必要的，我并不是百分之百否定用金钱回报努力的成果主义。我承认，调动人的积极性最直接有效的手段就是满足他的欲望。但这样做并不能持续长久，否则我们这个社会未免大煞风景，了无生趣。

我希望我们的这个社会不是一个贫富悬殊的社会，获取巨额报酬的 CEO 等富有者只占人口的 1%，而 99% 的人口却陷

入贫穷。我理想中的社会是每个人都能通过自己的努力而获得
幸福甚至大家能共享财富。在资本主义中植入博爱的精神，从
年轻的时候我就抱持着这个想法，从事经营。我认为工作并不
只是为了赚钱，是为了"更好地生存"。

公司应该为员工着想，员工也必须为公司出力

　　我在就任 JAL 公司会长之初就大胆提出，"公司必须为员工谋求物质与精神两方面的幸福，这是公司经营的着眼点"。我本来对航空运输业一窍不通，但最终接受会长一职是因为 JAL 重建陷入困境，有可能再次破产，这将给低迷的日本经济雪上加霜，并导致 JAL3.2 万名员工流离失所。毫无经验，也不具备让航空运输业起死回生的专业知识和技术本领，就任之初我有的只是在创立和培育京瓷和第二电电这两家公司时积累的经验。因此，我只能把经营企业的原则和基础讲给他们听。

　　无论是在我 27 岁时创立并经营了 50 多年的京瓷公司，还是在 30 年前创建的第二电电公司，我经营的目的都不是提高股东的股价，而是谋求全体员工在物质和精神方面的幸福。因此我相信，我参与重建 JAL 的目的也是使在此工作的全体员工，能在物质和精神方面都得到真正的幸福。

　　但刚开始时，律师、会计师等管理财务的人觉得不可思议，他们认为公司还有社会责任之类的东西。但我认为，公司的根本在于使员工幸福，只有员工真正感到幸福，他们才能愉快地工作，业绩才能提升，最终也会提升股价。

换句话说，如果你认为这是自己的公司，是维护自己利益的公司，那就要全身心投入到工作当中去，把 JAL 建设成一个出类拔萃的好公司。这么做，既不是为了股东，也不是为了某一个人，而是为了我们自己。

但我来公司之初，只有少部分干部深刻反省了公司倒闭的事实。中层干部以及员工当中还有人认为公司倒闭的责任在管理层，认为自己没有错，自己也是倒闭的受害人。占据 JAL 管理层的精英们采取的是自上而下决策问题的僵硬化官僚机构模式，由于是官僚机构体系，到头来谁也感受不到自己应负的责任，反而都觉得自己才是受害者。我当时就指出，这种想法完全错误。

只有进行意识改革才能彻底改变公司

作为经营者无论自己如何努力，个人的力量总是有限的，必须调动 JAL 公司全体员工的积极性。为此我必须进行意识改革，那就是不能再互相诿过卸责，而应该共同努力。我希望每一位员工都能像我一样拥有经营者的意识。为此，他们必须拥有与我相同的思想、价值观和对事物的判断标准。我有自己50 多年积累下来的经营哲学，我把它通俗易懂地讲解给 JAL 的员工，让他们都来学习，要求他们把我的经营哲学变为自己的东西，并应用在各自岗位上。我认为只有这样做，才能真正让 JAL 起死回生。

实际上在我上任之初，曾有几家欧美的重建咨询公司找到我，他们扬言自己有重建美国某航空公司的经验，有这样那样的专业知识和各种各样的专业技术。但我当时就认为我不需要这样的方法论，需要的是从根本上改变公司，全部拒绝了他们，从实施我的哲学开始着手改造公司。

但不管怎么说，JAL 毕竟是家倒闭的公司，员工工资被大幅度削减，没有奖金，必须发放退休金辞退许多员工，情况十分严峻。在这样严峻的形势下，为了能让员工继续努力工作，我必须向他们反复宣传"要积极面向未来，要让工作快乐起来"的工作理念。

图解：稻盛和夫的工作观

在第一章中，稻盛和夫讲述了他的工作观。概括如下：

最终目的是充实人生。

为此，在面对占据人生大部分的工作时，"积极面向未来，让工作快乐起来"极为重要。

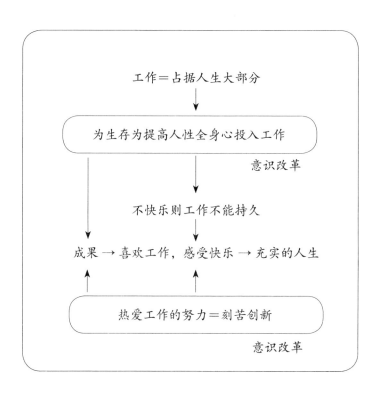

第二章　稻盛和夫与 JAL 的邂逅

1000 余只纸飞机划过天空，它们画出了各自美丽的白色轨迹。

2013 年 4 月 2 日，在东京羽田机场的维修厂房里，几天前为欢迎新员工而搭建的舞台被再次利用，这里召开了对稻盛和夫的感谢会。在此之前的 3 月 31 日，稻盛正式退出了董事的职位，虽说还继续保留名誉会长的职位，但与此前相比，他与 JAL 渐行渐远，实际上这意味着喜获新生的 JAL，从此就要离开父母单飞了。

稻盛正式发表卸任宣言早在 3 月 19 日，而今天的感谢会则是部分志愿者仓促之间筹划并举办的。会议由身穿机务部维修工服的员工和机票预订部门的员工共同主持，1000 多名员工利用工作的间隙参加了感谢会。会议开始时，大家起立拍手迎接了稻盛。厂房里停放着维修中的波音 777 客机，垂直尾翼上描绘有象征 JAL 新生的仙鹤。他们以白白的机体为银幕，放映了浓缩稻盛这 3 年工作轨迹的影片。

在贺词的录像中出现了许多身在工作岗位上员工的笑脸，

维修工向稻盛赠送了仿照飞机尾翼而做的盾牌纪念品。此外，还向他赠送了员工们的贺词卡片。这些贺卡多达 22385 张，是在短短两个星期里面向 JAL 的全体员工征集的。感谢会的最后，替代干杯的是全体出席者放飞手中的纸飞机。

"幸运降临于我，我是全世界最幸福的人。"稻盛在舞台上致辞时，把双手合在胸前。随后，会场转移到维修厂的食堂。酒席上，稻盛心情非常愉快，主动拿来麦克风唱起了一首歌："马达声声轰鸣，雄鹰展翅飞翔……"这是稻盛来到 JAL 后最喜欢唱的一首歌。随着朗朗的歌声，许多 20 多岁、30 多岁的员工双手打着拍子。在一张张笑脸中，不知多少人眼噙泪水。

如此幸福和谐的关系得以构建，并不仅仅是因为稻盛把 JAL 从经营破产拉回复兴之路的 V 字反转，它更是稻盛在员工心中播下的意识改革的种子发芽开花的结果。

有一位员工这样说道："今天 JAL 的状态和员工的面貌，这在公司破产时是不可想象的。"

下面，让我们看看在稻盛播下种子之前 JAL 是什么样的土壤？破产和改革前，员工又是抱着什么样的态度面对工作的？此外，他们是如何接受稻盛这个人以及他所推行的意识改革的？首先，让我们回顾一下改革前 JAL 的实际情况以及其后三年的运营状况。

"破产前的员工缺乏积极性"

——西尾忠男（执行干事、国内航线事业本部部长，50多岁）

"你这个混球！作为领导你完全没有完成意识改革。"

这是破产数月后，稻盛来冲绳时发生的事。当时我是冲绳分公司的总经理，我完全没有想到会因为这点小事遭到稻盛斥责。

当时冲绳分公司租借的办公室在二层，我们在公司的门前摆放着宣传手册。稻盛看到后，问我们："这也太可笑啦！客人在一层走动，为什么不放在一层？"我解释说因为没在一层租借空间，听到后他大声训斥我说："你们傻呀！放在客人不来的二层，你们还想做生意吗？"我接着说："冲绳的生意几乎都由旅行社负责，如果我们太积极直销的话，旅行社会不高兴的。"

"混球！如果只满足于这些，你这个分公司的总经理我看不够格。作为领导，你根本没完成意识改革。"他接二连三地怒斥了我。我立刻在一层安放了放置宣传手册的小型宣传栏，但仍然很少有人来取。这时，有位下属建议说："吃午饭时，我们在大厦前发放吧？"这样，我就决定向买午饭的路人发放小册子。但开始时，发出的小册子几乎都被随手扔掉，宣传效果也不佳，于是员工自发地在宣传册子上加上"这是冲绳最畅销的商品""一家三口旅行只需 × 万日元很合算"等几句吸引眼球的话。并且，在包装和分发上也想出了许多好主意。渐渐地员工们更积极地分析宣传手册上的内容和优惠条件，并逐步把它植入到下期商品开发中。我从这些细微具体的小事中体会到，员工们的意识正在逐步改变。

"成为旋涡的中心"

这是 JAL 哲学的内容之一。我的理解是："任何事务都不要撒手交给别人，而应让自己成为旋涡中心，并最终把周围的人都卷入进来。"当时，包括我自己在内，JAL 最缺少的就是成为旋涡中心的员工意识。每个人都认为即便自己不做也没关系，肯定会有别人来做。某次，我们向客人道歉时，有位客人的话让我至今难以忘怀。他说："JAL 破产并不仅仅是经营者的责任，它之所以变成今天的样子，最大的原因就是你们每一位员工的傲慢，都认为 JAL 永远不会破产。"

我是在 1 月 19 日前知道破产的事。在这之前召开了部门首长会议，会上传出两种说法，说公司有可能重建，也有可能破产，让我们做好两手准备。对冲绳来说，乘飞机出行是必要的交通手段。并且，JAL 集团的子公司 JTA 公司以冲绳为据点，经营着连接冲绳与各离岛之间的航线。当时，我心里想的只有两件事，一件是如何消除因 JAL 破产给冲绳县人民带来的巨大不便，另一件是如何调控本公司员工以及相关企业员工的不稳定情绪。破产那天，我尽量控制不让事态变化，在向员工说明情况后，与律师一起走访客户，介绍破产的经过和解释即使在 1 月 19 日破产后飞机仍然正常飞行以及客户持有的航空里程积分卡制度的优惠政策不变等情况。

通过预设的方案进行了重建，我们的飞机没停飞过一班，日本航空这个名字也保留了下来。但当时我脑子里尽是破产后公司如何被肢解，一些有用的部门会被其他航空公司吞并等怪异的想法。因此，稻盛就任 JAL 公司会长的消息对我来说无疑是一件正面积极的新闻，让我放下了一颗悬着的心。他是能使 JAL 复兴的最合适的领导人，他的到来意味着将给 JAL 一次新生的机会。

稻盛到来后，开始定期召开业绩报告会。所谓的业绩报告会就是各部门干部、隶属集团的各分公司老总，在全体干部前介绍和说明每月收支等经营数据的会议。第一次会议时，我聆听了稻盛的工作方法和发言内容，对我冲击很大。稻盛能从发言者的每张纸片中不断找出异常的数据，并很严厉地质询负责这个部门的干部，问他们数据异常的原因是什么，作为本部门的直接负责人应该如何改善等。对像以前 JAL 开会时那些粉饰成绩、尽说漂亮话的人，他大声斥责道："我不是来听这些的！"通过报告会，我深深感受到一名部门负责人肩负的使命，那就是要敢于对数据负责并有责任进行充分说明。

如果是以前的 JAL 干部会，一般由公司级别的领导先把发言的前半部分讲完，然后就说："详情由部长补充说明。"把包袱甩给部长，部长不掌握的部分又接着甩给了片长，职责范围不明确。稻盛是绝不容许这种暧昧的做法的，结果在第二次业务报告会时，各位干部都非常负责地详细讲解了各种数据。我深深感到，稻盛的到来使公司每一位高管都能真正肩负起自己的责任，对问题的认识以及对工作的态度都发生了巨大变化。

在那以后，我被派往 JCC（廉价航空公司）工作，2013 年回到 JAL。在我被派往 JCC 工作的一年零八个月期间，JAL 发生了翻天覆地的变化。时隔很久再次参加业务报告会时，让我感到吃惊的是，各部部长做的情况说明越来越简单明了，他们直截了当地说明数字代表的意思，分析数字上下浮动的原因以及应该采取的对策等。我想，既然公司的部门领导能这样做，那么他们的下属肯定也会这样想，全体员工也一定会同心协力把它落实到具体的工作中去。此时的我确信 JAL 已发生了剧变。我亲身经历了 JAL 的剧变，同时也感受到了整个组织和全体员工的蓬勃活力。

"我从来没想过 JAL 会破产"

——小野寺英幸（JAL 海外机体维护管理部工程师，
40 多岁）

进入 2000 年后，JAL 就时常传出陷入经营危机的传闻。非典和美国雷曼公司等事件，几度打击了公司的经营，但表面上公司的业务并没有减少，工作的方式方法也没有改变。我是日本泡沫经济破灭后进入公司的，没有像前辈那样赶上经济繁荣的大好时光，尽管眼看着自己工资不断下降，公司业绩年年下滑，但是 JAL 还依然存在。所以，我根本没有过危机感，也从来没想过公司会破产。

JAL 年销售额达 2 兆日元，但是竟然没有一分钱的利润，有时我也觉得不可思议。但既然公司管理层和前辈员工都不担心公司会破产，我也没那个必要去担心。我就是"狼来了，狼来了"的那种感觉。

那时，JAL 的组织机构是典型的自上而下官僚式的管理模式，上面下达的任务我们下面的人只要认真无误执行就行。因此，上面没感觉到危机，我们当然也感受不到危机。现在想起来，那时我们公司的情况已经到了令人羞愧的地步。那时，公司的组织结构完全是纵向型的，与今天相比，各部门之间完全没有信息上的交流。比如说，现在公司内网站和公司内部报纸内容已经面貌一新，其中详细报道了各航线收支情况以及顾客反应等以前即便我们维修技工感兴趣也没机会看到的内容。因为以前公司各部门之间完全没有这样的情报共享制度，当然也就不存在共同承担危机的意识，换句话说那是别人家的事。所以我一直认为，无论公司出现多大问题，只要我确实按照上级的指示办，干好自己的本职工作就行。

我们的成本意识也较弱。我所属的维修部门常常借着安全的名义随意提高成本，本来还能再使用二三年的零部件，只要说是为了安全就毫不在乎地换掉了，多么浪费也在所不惜，形成了一股坏风气。

拿我来说，我是机舱维修工，浪费倾向更严重。只要是顾客肉眼能够看到的东西，我都想把它整修得让客人感到舒适和安全为止。比如说座椅靠背上的小桌上有一点伤痕，即便肉眼看不见、使用上也无妨，我还是希望把它更换成新的。如果那时恰好有库存，我会毫不犹豫地拆掉旧的小桌子换成新的。没有几个修理工真正清楚采购这些零配件所需的成本，也不可能把这些成本与公司的经营直接联系起来。

但现实中，JAL 破产了。2010 年 1 月 19 日那天，新加坡分公司的领导不断与东京通电话，我们感到好像发生了什么大事，但没在意，又像往常一样投入日常繁忙的工作中去。我从

1992 年进入日本航空公司工作以来，一直从事飞机的维修工作，从 2006 年开始，常驻新加坡。当时，JAL 把一部分飞机的维修改造工作包给了海外的公司，这是因为公司拥有的飞机数量庞大，光靠国内力量已经无法满足维修改造工作，当然也考虑到成本便宜的问题。我的工作就是检查被委托方是否能按规则准确操作，是否满足 JAL 的维修标准和水准，也就是起到检查员的作用。

完成一天工作后我准备回家时，忽然被上司叫住，他说："我抱歉地通知你 JAL 已经申请了《公司再生法》，宣告破产了。我们不清楚公司的未来如何，但依靠社会的帮助，明天起我们的飞机将照常飞行。请你也一如既往地做好自己的本职工作！"听到这里，我没有丝毫奇异的感觉。

晚上，新加坡报纸和电视台大肆宣传报道了这件事。次日上班，被委托方公司的员工不断问我："这到底是怎么回事？""没问题吧？"为了让修理人员能充分理解和执行 JAL 的维修标准和保证质量，JAL 的机体维修工作交给了新加坡专门的维修公司，他们虽不是 JAL 的正式员工，但也跟 JAL 血脉相连。他们的不安才让我真正感到问题的严重性。我虽然知道 JAL 经营状况不好，但由于身处海外能获得的信息有限，无法真正了解破产前公司的经营状况。

"今后怎么办？"与我一起来新加坡常驻的妻子似乎比我更担心。我对今后的前途也是一片茫然，只能半开玩笑地答道："也许公司会裁员，如果是那样的话，我就在这里去别的航空公司工作吧。"

2010 年公司破产半年后，为压缩成本，公司决定停止委托海外承包的维修业务，因此我离开了工作 4 年的新加坡回到了日本。在此期间，有许多前辈以自愿退职和提前退职的方式离开了公司，像我这样的业务骨干，从那一刻起，我必须承担起带领剩余员工继续工作的重责。

我以前的上司和前辈都离开了公司，加上 JAL 有一段时间因为不景气而暂停了招聘，因此公司剩下的维修工就是 50 多岁的前辈和年龄小一轮的 40 多岁的我们。从现在开始，我们这一代年轻人就将肩负起引领下一代的艰巨任务。

以前，我们与离去的前辈们个人关系很好，平日里家庭间交往也很多，经常一起去洗温泉等。他们虽然在工作上对我们严格要求，但在生活上呵护备至。我知道，随着公司的破产，我们之间这种亲密无间的关系将荡然无存，这对我来说是非常痛苦的事。

离职的人很多，送别会只好一次性地统一开。如果是破产前，我们肯定会为每位退休的人单独举办盛大的退休慰劳会，届时，还会邀请他的夫人参加，并赠送适当的纪念品。但破产后，被送的人和欢送的人人数基本相等，并且欢送的一方基本都是年轻人，他们在金钱上还不太富裕，有时还需要离去的前辈们自己为欢送会承担一点费用。因此，我的心里真是感到别扭。并且，在饭店举办送别会时，还需顾忌其他客人的目光，不敢明确说出 JAL 这几个字，在干杯致辞中只能简单说："这么长时间您真的辛苦了！"我真的感到很对不起这些离去的前辈们。但尽管如此，在送别会上没有一个人说公司的坏话。他们都非常喜欢 JAL，公司曾给了大家家庭般的温暖。他们反过来鼓励我们，说的最多的是："今后会更难，你们不要泄气，一定要努力啊！"他们把公司的未来托付给了我们。

现实生活中，在经济上我们也深深感到破产带来的压力。为了减轻偿还购房贷款的压力，我们很想改换借贷，但由于我们是更生公司员工的缘故，没能通过银行的审查，就连申请银行信用卡也通不过审查了。这让我深深感到公司破产前后的差别。此外，我们还要顾及邻里的目光，以前我们以是 JAL 员工为荣，但公司破产后反而因为在 JAL 工作感到自卑。比如，暂时不会置换新车了，喜欢的高尔夫球也很少打了，外出购物和就餐的次数也大为减少。

破产前，无论在工作还是个人生活方面，我们都躺在 JAL 这块招牌上风光无限，但自从公司破产失掉这块招牌后，我就回到了真正的自我。因为没有孩子，我更重视与妻子两个人单独在一起的时光了。同时，也发现许多不用花钱就能锻炼身体的项目，比如跑步、骑自行车等。

在工作方面，前辈们的离去对我们的影响巨大。

首先，与以前相比，把工作带回家做的天数多起来。要带好年轻人，我自己必须掌握一定的知识和技能，当他们问我时，我不可能回答说："不知道。"以前，我们还可以依赖前辈来解决问题，现在只能回家多学习和多调研，借此尽快丰富自己。

在工作量上，我也感到了压力。前辈们走了，但工作量没有减少，我是忙得连一点空闲的时间都没有了。那时，包括我在内，我们每个人都抱着这样的观念："虽然现在我们的工作很艰辛，但如果因我们的疏忽再出半点纰漏，那等待我们的就是第二次破产。"我们就是在这样的不安之中工作的。

破产后的头一年，就像这样，我的工作和生活环境发生了剧变，一切都处在动荡不安中。

我记得 JAL 和我本人真正的转变是从 2011 年开始的。最初，我并不接受稻盛的改革。稻盛先生刚来公司时，我听从上司的推荐，读过他的几本著作，他留给我的印象是个爱说大话的人，我心想，如果真能按照他说的做，公司早就变好了。如果什么事都按照稻盛所说的那样去做，这在以前的 JAL 是不可想象的。老实说，我不愿意接受他的观点。还有一点是，我觉得他说的话都不错，但我心里不愿意接受这位外人说三道四。

改变不可能在瞬间发生。2011 年 4 月开始的 JAL 哲学教育才是公司意识改革的真正契机。JAL 哲学教育刚开始时，我丝毫没有感到公司的变化，心里还认为这只不过是他在继续说大话而已。但在这场教育活动中,其他部门的参与者介绍了许多具体生动的事例,让我感到公司真的发生了变化。例如,某飞行员介绍了他们飞行员参与 JAL 哲学教育的生动实例,他说:"当飞机到达目的地后,我们全体乘务人员都做到向走下飞机的所有乘客挥手致意。JAL 哲学中有一句话说,'每个人都是 JAL',那就从我们每个人做起。同事们提出了许多改善工作方式的好建议,我们的领导也积极配合,参与了具体落实。"

我听了之后心有所动。事情虽不大,但这样小小的变化在破产前的 JAL 是完全不能想象的。如果我们坚持做下去,或许我们的公司真的能打个翻身仗。

在我们维修部门也出现变化了。以前不可能通过的提案现在也开始被采纳了。破产前,我们忠实执行上级下达的命令,对上面定的方针政策我们不多想,更不会去思考它的对与错。即便我们认为如果这样改善会更好,也不会采取具体的行动去落实。因为我们心里早有一个定式,那就是即便采取行动也徒劳无益,自然而然地放弃了努力。比如说,客人使用的座椅在设计上完全没站在维修人员的立场上考虑过,许多地方的维修让维修人员很头疼。我曾多次想过,如果能在设计和安装阶段征求我们维修人员的意见就好了,但从来没想过自己应该站出来向有关方面提出这个建议。经过 JAL 哲学教育活动,公司发生了巨大变化,也接受了在飞机设计阶段邀请维修人员参与开发的建议。从这些具体的事例上,我真正感到,这次的 JAL

哲学教育活动不仅不是停留在嘴巴上，而且是动了真格。在这场教育活动中，我的意识和对待工作的态度也逐渐发生了变化。

有一个这样的提案。零部件供应部门有许多装过零部件的旧塑料箱，这次由于机构调整，部门缩编，这些箱子被丢弃。一个年轻修理工看到后，提出了要废物利用。这在以前的 JAL 是完全不能想象的，肯定会有人说："箱子管理怎么办？""箱子太脏了不能用。"而最终的结论肯定是："别管闲事，用新的就行了。"随着这次年轻修理工的意见被采纳，修理部门内部像雨后春笋般陆续提出了许多改善工作的好建议。

"提高成本核算意识"，这也是 JAL 哲学中的重要内容。以前对控制成本漠不关心的维修部门，现在也开始意识到成本的问题了。稻盛推行改革后，零部件采购部门主动向我们提供了零部件修理和更换的详细价格，由于实现了信息共享，我们也开始重视成本核算。例如，某修理工甚至建议从各自家里带来擦拭油迹的碎布，于是我们就把家里不穿的衬衫等带来，在空闲时间把它剪成合适的大小布块，在这方面节省了成本。胶带、钢锉、塑料袋等消耗品以前是随便使用，现在我们把它们放在特定的架子上标上进货价，让每一位维修人员在使用这些零部件时都能了解它的成本价格，提高控制成本的意识。

破产前的 JAL 对我来说是个非常快乐的职场，在无拘无束家庭般的气氛中，我从对脾气的前辈那里偷学技术，吸取精华，慢慢积累着自己的经验，我相信，照此努力下去在不久的将来我也能成长为前辈那样的人才。但前辈们陆续离去，那种欢快的气氛消失殆尽，我感到难过的同时，也觉得其实对我来讲也许是件好事，它给了我迅速成长的机会，我感到工作更有干头。拿控制成本为例来说，如果每个人都能从细微的地方入手，提高成本控制的意识，就能改善我们的工作。提高成本意识不是谁强迫我们去做，而是我们自己主动去做，这样才能在做的过程中感受到快乐。另外，必须与部门独立核算制度相结合。如果削减的成本能作为本部门的成绩被反映出来，个人获得正确的评价，最终与自己的工资，即"全体员工物质和精神双幸福"这一企业理念结合到一起，员工们就更能感到工作有奔头，心甘情愿地努力工作。

公司破产后，不仅大批老员工，甚至一些年轻人也因为对公司的未来不抱幻想，工作上失去了奔头，陆续地离开公司。当然，由于公司在策略上只留下像我这样的骨干分子，他们即便留下来也看不到自己升迁的未来，这也是他们离开公司的原因之一。实际上，那时对谁来说，前途都无法确定。

但今天，我们终于看到了未来的曙光。只要我们坚持照此努力下去，做好自己想做的事，工作就会越干越有劲头，进而我们的努力会获得正确的评价，工作的成果最终也会反映到工资报酬上。在短短的时间里，我和我身边的许多人都发生了变化，我认为这真是了不起的成果。

第三章 "仙鹤号"再次飞翔的轨迹

——意识改革的渗透与发展

荒唐的公司 / 无度的预算

"那可真是家荒唐的公司。"一位与 JAL 广宣部交往较深的大出版社编辑，这样形容 2000 年前的 JAL。"有一次我们去打高尔夫，打完 18 洞后我们一起坐下聊天，我们是开车来的，只能喝乌龙茶，但在我们身边的他们却大口大口地喝着葡萄酒，喝得醉醺醺的。我们担心他们怎么回去，他们说没关系，是乘包车来的。仔细一问，原来他们早晨是乘坐包租的轿车来的，包车在停车场一直等到傍晚。"

这也许只是一个极端的事例。我们可以说他们过于奢侈，但其实，对他们本人来说事情很简单，他们只是按公司财务规定，使用公司预算而已。在事业上，JAL 曾收购曼哈顿的超高档酒店和高级公寓，投入巨资装修后又不得不撤资（1984 年 JAL 子公司收购，1999 年因巨额亏损卖掉），这种行为同上述个人包车的事例完全一样。

进入 2000 年后，公司的经营状况持续恶化，虽然他们提高了控制成本的意识，但"花掉预算"的公司文化、对效益漠不关心的公司风气仍然存在，完全可以说 JAL 是一个成本意识淡薄，一笔糊涂账的公司。

大企业病！

破产前的JAL患上的就是这种成本意识淡薄、庞大组织机构官僚主义作风严重、信息不畅和缺乏危机意识的大企业病。并且，还是重度大企业病！

"公司破产后，从2011年开始推行JAL哲学教育活动。最初，我们对哲学内容中的'要拥有真正的勇气'这句话展开了讨论。讨论会上，一位地勤工作人员自嘲地说：'面对其他部门，我们的确需要有敢说话的勇气啊。'他说的是事实。在我们公司里，飞行是飞行，机务是机务，客服是客服，就像是不同的公司，实行的是垂直化的管理，各部门之间员工的交流非常少。"（客服本部·高原由美子语）

以前的JAL就是这种垂直化管理意识下的条块综合体。

垂直化管理模式同时又是典型的上传下达型的管理体制。正如在第二章中维修技师小野寺英幸曾毫不隐晦地说的那样："直到破产，我只知道忠实完成上级下达的各项任务。"稻盛自己也曾公开放话说："我讨厌JAL。"他讨厌JAL的理由无外乎是以前的JAL存在着"规范主义"，不能向每一位顾客提供他们真正需要的服务。并且，每一位员工的脑海深处都有着我的后台老板是日本政府的意识，谁都没有危机意识，即便是感受到公司有危险，也没有人想到JAL会破产。

但现实中，JAL真的破产了。

"'我们为客人提供优质服务竭尽了全力，公司破产全是因为管理层无能。'大家众口一词,似乎公司破产与己无关。我们也曾信誓旦旦表示过,为报答全体顾客及日本国民支持公司继续开展业务的厚意,决心团结一致努力奋斗。但那时,我们还是感到心里不踏实,每天都在茫然和不安中度过。"(摘自2011 年 12 月 JAL 哲学发表大会上,羽田机场客服部上西美纪的发言)

许多员工都赞同必须改变 JAL,但不知道如何去改变,他们身处不安和焦躁之中,是稻盛为这些员工指明了方向。稻盛带来了"哲学"和"部门独立核算制度"这两个指南针。

部门独立核算制度 / 法兰克福机场水费

20 日元、30 日元、10 日元……靠墙壁橱柜抽屉上贴满了标着不同价格的标签。从一根螺丝钉、一个橡胶垫到所有零配件都标注了价格，为的是维修技师准确掌握每个零配件的成本。

"破产前，我们控制成本的意识并非是零，我们也做过许多工作，如复印纸翻过来使用等。但现在想起来，这些都有点太小儿科。为防止零配件不够用，我们尽量加大库存，其实只需适量补充即可。以前擦油布买的是现成布料，现在我们从自己家里带来旧衣物裁剪成适当的布块使用。"（JAL 工程公司・小野寺英幸语）

JAL 破产后能在短短的时间里奇迹般起死回生，曾有人认为，"靠的是《公司再生法》，因为它替 JAL 剥离了负面的遗产"。的确，我们承认如果不是再生计划，JAL 不可能把从金融机构借来的 5000 多亿日元贷款一笔勾销，也不可能大规模裁员。特别是能大刀阔斧地裁减人浮于事的员工以及毫无顾忌剥离非盈利事业，这些都是破产前的 JAL 根本不敢触及的问题。

再生计划预计破产后第一年 JAL 收益是 641 亿日元，但实际上，2010 年度合并营业收益为 1884 亿日元，比再生计划多出三倍。包括破产前在内，这是以往最高的收益。

以清算组为核心制定的再生计划已经编入了 JAL 的债务处理，但第一年 JAL 就超出营收计划 1200 亿日元。所以，"负面的遗产已全部剥离干净"的说法，很难自圆其说。即便从超出部分扣除销售额增加部分、日元升值带来的红利（燃油费下降）以及裁员带来的效益等，还净挣 400 亿日元。实际上，这 400 亿日元是靠各部门压缩成本积攒出来的，从每件细微的节俭做起，3.2 万名员工的努力最终汇成了巨大金额。它证明 JAL 面向新生，已经坚实地迈出了改革的第一步。

当然，在破产前员工也有控制成本的意识。进入 2000 年后 JAL 连年亏损，公司管理层也曾多次要求各部门压缩成本，但破产前后相比，员工的意识有了天壤之别。"稻盛会长引进了部门独立核算制度，大大提高了员工的成本意识。自己的努力现在可以与维修部门的经济利益直接挂钩，努力的成果能够在经济利益上反映出来，干起活来不仅不再感到辛苦，反而越干越有劲。"（同·小野寺英幸语）

"部门独立核算制度"形成于京瓷公司，被稻盛命名为"阿米巴经营"，是稻盛经营的核心。它与"哲学"一起作为改革的推动力，被稻盛带到了 JAL。

公司按部门不同，采取独立核算进行经营——这就是稻盛推行的"部门独立核算制度"。

在部门独立核算制度中，"航线统括本部"就如同一个"厂家"，它制造"航班"这种产品。其他各部门也与"航线统括本部"一样提供产品或服务，在公司内部进行模拟交易。例如，飞行员所属的航运本部向"航线统括本部"销售"航运"这项服务并计算销售额，再从销售额中扣除与飞行员相关的成本后，剩余的就是航运本部的利润。客服本部、机场本部、机务本部等各部门也大致相同，我们把这种形式看成公司内部的商业交易。这样，各部门就可以在公司内部分别独立进行经营。各部门为增加本部门收益，会努力提高销售额，尽量压缩经营成本，确保本部门的盈利。

这样做的结果是，总公司可以详细掌握各部门的经营状况，公司的账目也不再是一本笼统账。过去，总公司是用盈利部门的盈余弥补不盈利部门的亏损，他们认为只要公司整体收支盈余就行。采取部门独立核算制度后，上报亏损的部门变得一目了然。结果，公司就有机会对亏损情况采取相应的对策。

采取部门独立核算制度后，员工个人努力的结果直接反映到自己所属部门的收益上，极大提高了全员的经营意识和成本控制意识。

如前文所述，破产前的JAL对经营数字是一笔糊涂账，换句话说就是对收益很迟钝。稻盛来到后，为JAL做了一个180度的大转弯，指出了新航向。

稻盛认为，经营必须以数据为基础进行。他要求各部门必须提供最快、最详细的经营数据。比如说，他严令财务把原来应该每三个月提交的综合报表 B/S(显示财产状况的借贷对照表)、P/L(统计销售额、费用的损益计算表) 等财务报表按月制成，及时呈报。

"按规定，上市公司应该每三个月发表一次合并报表。破产前，管理层曾只要求财务按月提供各公司独立的结算表，他们完全没有认识到掌握月度合并结算的数据并运用到经营上的重要性。也许他们认为，只要看到 JAL 单体的业绩，就能掌握大概情况。但稻盛上任后，严厉指出：'光靠这些那不是经营。'JAL 集团是由多家航空公司以及辅助它运营的机场、票务、地勤、维修、预订、营业等其他公司组成，是典型的由子公司辅佐航空运输事业的垂直式企业管理模式，因此，如果要合并结算，就必须先把集团内部交易逐一去掉。将近 70 家子公司的结算数据，每月汇总并进行合并结算，准确并详细掌握全集团业绩，这个工作量是很大的。在此基础上，还需要快速提交财务报告，因此，财务部门的工作量非常繁重。另外，由于公司破产裁员，原来那些业务熟练的前辈和同事陆续离去，甚至有些关键的业务部门都不复存在了。但是最终我们做到了，我想这靠的就是留在公司的财务人员的热情和坚定信念：'我们还没完蛋，我们一定会重振 JAL！'"（财务部长，夏原伸一语）

接下来，会长、总经理启动了每月一次的各部门本部长、集团各分公司总经理都聚集一堂的"业绩汇报会"，通过让各部门主要负责人详细讲解收支等数据，向他们灌输数据的重要性。

稻盛曾在汇报会上边看资料边严厉质询道："法兰克福机场日航休息室的费用比上个月有所增加，这是为什么呀？"有关负责人当场无法答复。他没有调查过，甚至根本没留意到这一点。后来查明，原来是因为三个月的水费被一次性收缴。稻盛对这样细微部分的数字也十分敏感。

"引进部门独立核算制度后，我们感到工作更有意义。与破产前相比，我们空乘人员服务客人的宗旨没有改变，但由于引进了部门独立核算制度，我们可以清晰看到自己对工作做出的贡献是如何在数据上被反映出来的。现在，舱内商品销售策划工作完全交给我们空乘负责，我们在国际航线上部分停止了世界高档名牌商品的销售，机舱内不再摆满名牌。为此，我们需要在选择销售商品和销售方式上下一番苦功。比如说，我们与名牌手包厂家共同制作的'JAL空姐定制手包'等，增加了空乘人员自己策划的名牌商品。它除具备真正品牌的魅力外，还是空乘人员亲自制作并实际使用的手包，这种手包的附加价值更在于它的稀缺性，也就是它只能在JAL的机舱内买到。一切从零开始操办，这比简单地销售商品要费工夫。但当我们卖光手包，把它变成具体数字，体现到我们客服本部的利益上

时，我们真的感到高兴。"（客服本部·高原由美子语）

从高层管理人员到普通员工，JAL 变成了全体员工都具备经营意识的集体。通过使成果"透明化"，更多的员工找到了工作的意义和乐趣。不仅如此，稻盛也实现了通过"哲学"进行意识改革的真实目的。

JAL 哲学手册 / 会费 1500 日元的干部联谊会

我这里有一本手册，白色的封面、烫金的文字，题目是《JAL 哲学》。这本手册是 2011 年 2 月发放到 JAL 总公司和集团分公司以及外包企业员工手上的，人手一册。从那时起，JAL 员工随身携带这本哲学手册，遇到问题时随时打开手册阅读。它记录着"人生·工作的成果＝思维方式 × 热情 × 能力"等多达 40 项"哲学"内容。在手册第一页上，稻盛这样写道："我们全体员工必须共享这门哲学，按哲学指引的方向统一全体员工思想，以此思想为基础做出一切判断，推动经营活动。"另外，大西贤总经理（时任、现任会长）也发表了相同趣味的讲话，他说："今后，我们要把 JAL 哲学作为我们开展工作的基本点。"

JAL 意识改革的基本点就是这门哲学。这门"哲学"原本是稻盛在京瓷公司时，通过长年累积和提炼形成的经营哲学。以前有媒体报道说，"JAL 哲学"是稻盛从京瓷公司原封不动照搬过来的。的确，JAL 哲学是参考了京瓷公司的哲学，但并非原封不动的照搬，这事可追溯到稻盛上任之初。上任伊始，面对 JAL 的重建，稻盛最重视的是员工的意识改革。他认为，在意识改革上首先管理层应改变。为此，2010 年 6 月开办了第一期"管理人员教育学习班"，学习班招收的对象是以大西总经理为首的 52 名高级管理人员。在一个多月的时间里，包括周六在内，每周举办 4 天，总计举办了 17 次。每次学习会都由稻盛亲自授课，观看 DVD，学习稻盛的经营哲学，然后分组讨论，第二天每个人还必须提交书面报告。在繁忙的重建工作期间，高管们同时必须完成如此繁重的学习任务，对他们来说实属不易。当然，对高龄的稻盛来说，还要亲自授课，更是难上加难。

"'我就是累得吐血，也要把它传授给你们。'就是稻盛在授课中讲的这句话深深刺痛了我的心。我想，我们普通员工也必须更加认真地去改变自己。"

当时，负责安排管理人员教育工作的"意识改革和人力推进部"（当时叫作意识改革推进筹备办公室）的川名由纪这样感慨道。

"每次研修结束后，都在会议室举办联谊会，每人收取 1500 日元会费，喝的主要是罐装啤酒，吃的是袋装下酒菜。通过这样的接触，大家缩短了彼此间的距离。联谊会上的稻盛也一改授课时严肃的面孔，面带慈祥的笑容，有时还会带头高歌一曲（可能是为了提高凝聚力）。

"管理人员教育结束后，举办了集训。那时，即便是一分钱也不能随意浪费，我们在川崎找了一家有折扣的商务酒店，让酒店整理出一间有榻榻米的房间，大家围坐在一起，讨论一直持续到凌晨四点，那种'热度'与我们一个月前刚刚举办高层管理人员教育时相比已经不可同日而语了。"

管理人员转变后，接下来轮到员工。稻盛始终认为，全体员工也必须共同拥有 JAL 的企业理念和经营哲学，它们是开展意识改革的指针。对此，大西总经理也有切身感受。

"JAL 哲学研究委员会"成立于管理人员教育结束后的一个月。"具体的工作组由十人组成，包括现任总经理植木义晴在内，我们（意识改革推进筹备办公室）作为事务部门协助工作。在编撰中，我们确实参考和学习了京瓷公司的哲学，但绝不是单纯的移植。首先，应该把 JAL 哲学细化为多少条，大家就争论不休，对 JAL 到底需要什么样的哲学，大家更是各抒己见，侃侃而谈。在这些争论中，诞生了'人人都是 JAL''要做最好的交接'等独具 JAL 特色的哲学。在此后的三个月里，经过反反复复的讨论，终于诞生了 JAL 集团企业理念和 JAL 哲学。"（同·川名由纪语）

JAL 哲学手册于 2011 年 1 月 19 日发行，这天恰好是公司破产一周年。

JAL 集团公司企业理念：

JAL 集团公司为全体员工谋求物质和精神两方面的幸福，同时

一、为顾客提供最好的服务。

二、提高企业价值，贡献社会。

JAL 哲学：

第 1 部　为了度过美好的人生

第 1 章　成功的方程式（人生・工作的方程式）

人生・工作的成果＝思维方式 × 热情 × 能力

要有正确的思维方式

第 2 章　以"作为人，何谓正确？"进行判断

拥有美丽的心灵

保持谦虚的态度、诚实的心灵

积极向前看

小善似大恶，大善似无情

在格斗场的正中相扑

不使问题复杂化

兼具事物的两极

第 3 章　以饱满的热情，坚持不懈踏实努力

认真地、全身心投入工作

坚持不懈踏实努力

以"有意无意"对待工作

自我燃烧

追求完美

第 4 章　能力一定会进步

能力一定会进步

第 2 部　为了创建美好的 JAL

第 1 章　人人都是 JAL

人人都是 JAL

讲真话

率先垂范

成为旋涡的中心

承担肩负宝贵生命的工作

常怀感激之心

站在顾客立场观察

第 2 章　提高核算意识

销售最大化，经费最小化

提高核算意识

光明正大地追求利益

依据准确的数据开展经营

第 3 章　同心协力

最好的交接

刻骨铭心的企业理念 / 为员工谋幸福

企业因为什么而存在？经营目的又是什么？这就涉及企业理念和经营理念，它们可以说是企业经营的根本。无论什么样的企业都有自己的企业理念，内容光明正大，（大概）不会有哪家企业高举一个错误的企业理念。那么，你能记住自己公司的企业理念吗？我猜想，大多数人或许早已忘记。我们对企业理念记忆淡薄的原因是，尽管它内容正确，冠冕堂皇，但它无法打动我们的心弦，我们会认为它与自己毫不相干。企业理念的制订者也只满足于制定后高高挂起，并不会每天细心领悟落实到经营中去。在一般人的眼里，所谓企业理念也就是这个样子。

破产前的 JAL 正是如此。

【2011 年修订前的 JAL 企业理念】

JAL 集团作为具有综合能力的航空运输集团，肩负着沟通顾客、文化和心灵的重任，要为日本和世界的和平与繁荣做出贡献。

（1）彻底追求安全与质量。

（2）站在顾客的角度上思考和行动。

（3）谋求企业价值的最大化。

（4）完成作为企业市民的职责。

（5）不断努力，接受挑战。

"说句实话，我只是在刚进公司时大声朗读过一次，后来再无意阅读，当然更不可能记住。我内心认为它说的都对，只是没留下深刻印象。或许因为它篇幅长，内容太多的缘故。"（同·川名由纪语）

大西总经理（时任）认为，企业理念必须得到全体员工的共鸣，同时，必须通俗易懂上口好记。经过反复推敲，我们制订了与京瓷公司基本相同的经营理念，即"在追求全体员工物质与精神两方面的幸福的同时，为人类和社会进步与发展做出贡献"。最初，我们在开篇中对是否写入"追求全体员工物质与精神两方面的幸福"这句话还犹豫不决，高管中有人提出过反对意见。他们说："破产导致股东利益受损，使银行借款打水漂，现在还在靠公共资金度日的公司，哪里还有脸面高唱为员工谋幸福？"

但为大西撑腰的是稻盛。他始终坚持这样一个信念："公司的根本是为员工谋幸福。虽说股份公司的目标是提高股东的股本价值，但从京瓷公司开始到第二电电公司，我的目标一直就是为全体员工谋求物质与精神的幸福。我一直认为，只有员工们体会到幸福才能快乐工作，这样公司才能发展，股东们的股票也会随之升值。"

　　不出所料，公司的新理念令部分员工感到疑惑，但走进了更多的员工的心里。机舱乘务员部的吉田亚纪子说："开始时，我对公司破产并没有切身感受，因为破产后的第二天，飞机还在照常飞行。直到有一天降了工资，轮到自己选择是走是留，许多同事辞了职离开公司时，我才多多少少感到了公司破产的现实。尽管如此，我还是跟平常一样执行航班任务。那时我真的不知道，应该如何去思考去工作，就这样迷迷瞪瞪地度过了一年时光。恰好就在此时，公司发表了新版的JAL企业理念。其中，公司要为员工谋幸福——正是这句话让我郁闷的心情开朗起来，产生了再干一番事业的想法。"

　　企业新理念的发布，也让许多员工情绪顿时高涨。就像听到了起跑的发令枪响，员工们的意识改革以惊人的速度开始了。

JAL 复活的轨迹

2010 年

　　1 月 向东京地方法院申请执行《公司再生法》(经营破产)

　　2 月 稻盛和夫就任会长

　　3 月 开始招募提前退休者

　　5 月 设立意识改革筹备办公室

　　6 月 开始进行管理者培训

　　7 月 着手制订 JAL 集团企业理念、JAL 哲学

　　8 月 向东京地方法院正式提出再生计划

　　11 月 再生计划被批准

　　12 月 清理并解雇 165 人

2011 年

　　1 月 发布"JAL 集团企业理念""JAL 哲学"

　　开始实施新人事工资制度

　　3 月 发生东日本大灾难(增发约 2700 个临时航班)

　　4 月 恢复仙鹤标志

　　　　正式引进部门成本核算制度

　　　　第一次"JAL 哲学教育"开始

5 月 2010 年度决算合并营业收益达 1884 亿日元

2012 年

2 月 稻盛改任名誉会长

　　（大西会长、植木总经理的新体制启航）

9 月 在东京股票交易所第一部市场重新上市

2013 年

3 月 稻盛退出董事（继续担任名誉会长）

永无止境的 JAL 哲学教育 / 会长的办公桌与新员工的办公桌并排摆放

"我曾满腹牢骚地说过，破产后的 JAL 也不会有任何变化。但是有一天，我突然觉得自己什么也不干，却总是把责任都推给别人。因此我觉得我应该干点什么，于是我提出了一个建议。这个建议就是举办'改改回会议'。什么是'改改回会议'呢……"

在 DVD 投射的银幕上，一位飞行员在发表演讲。

他提出的这个建议就是将与某个航班有关的员工——飞行、乘务、机务、机场、业务、航班计划和地勤等各个部门员工约 20 人聚在一起，举办改改回会议，共同找出该航班存在的问题，目的在于"改善飞行，改变工作质量和回归服务业原点"，故命名为"改改回会议"（译者注：改善、改变和回归在日文中发音相同）。"一般来说，飞机的起飞和降落不准时，通常都是因为某种配合不够造成的。比如说，由于营业部门联系不到位，团体客人预约的信息无法及时传达，耽误了行李的装运，这是导致飞机起飞延误的原因之一。"

50 多名员工在认真地观看这部 DVD。银幕一侧白板上清楚地写着 40 项 JAL 哲学条款中的一条:"今日胜过昨日,明日胜过今日。"这是 JAL 的"JAL 哲学教育现场"的一幕。

哲学是实现企业理念的行动规范。如果把企业理念比作目的地的话,那么哲学就是飞往目的地的航线。对已经破产又被容许再一次飞行这条航行的 JAL 来说,如果要复活就必须飞好这条航线。

"哲学的意义不在于制定,也不在于是否学习。哲学只有运用于实践才有价值。"稻盛在 JAL 哲学的开篇这样写道。但真正实践起来很难,哲学是最基本的道德观,容易让人产生读懂就等于做到的误解。这里我请大家回顾一下前面涉及的 JAL 哲学中的各项条款,你们会感到它平淡无奇。但"能理解"并不等于"能做到"。

"JAL 哲学手册里的内容看上云都通俗易懂,但回想起来那时看是看懂了,结果什么也没做到。"(同·吉田亚纪子语)

飞行航线谁都能看懂,但光看懂不够,还需要深入了解,亲自去飞行体验才行。而为员工们提供飞行体验机会的就是 JAL 哲学教育活动。

JAL 哲学教育始于 2011 年 4 月。三个月为一单元,每次从 JAL 哲学中抽出两项编成一个教学课程,不仅总公司的员工,包括集团子公司在内的全体 3.2 万名员工都必须接受一次约两个小时的授课。

某日,我被容许采访他们的授课,去了羽田机场修理厂的旧厂房。在旧厂房五楼的教室里，摆放着种类不同、颜色各异的钢管椅和办公室用的扶手椅，看上去就知道是他们把暂时不用的椅子搬过来使用。

这次是第八单元，题目是"今日胜过昨日，明日胜过今日"。看完 DVD 后，五六个人分成一组进行讨论。教室里既有身穿制服的机场工作人员和身穿工作服的维修人员，也有打着领带的年轻人和身着便装的空乘人员以及貌似飞行员的员工。那天，大西会长也参加了讨论。年龄、性格、工作岗位各不相同，日常毫无接触的员工们愉快地介绍着自己工作岗位的经验和具体事例。

"JAL 哲学教育把纵向型的组织结构横向串联起来，使得各部门和公司之间的沟通顺畅起来。JAL 被称为典型的纵向型组织体系，各部门都使用自己的专业术语，一起工作时交流确实比较难。但现在机务部与客服部配合工作时，只要双方都表达出'有意注意'的意思，就能明白对方的想法。JAL 哲学已经成为公司共同的语言。当然，正如植木总经理所言，我们的路才刚刚走过一半，还有很多的路要走。我自以为学懂了 JAL 哲学，但在许多方面仍无法落实在具体行动上。因此，我认为 JAL 哲学的学习之路永无止境。"（同·川名由纪语）

面对罢工的呼声 / 火爆的 Facebook

现在，我们已经看不到由那群冷冰冰的、思想偏颇的精英们组成的昔日 JAL 的踪影了。通过 JAL 哲学教育，JAL 已经变成意识改革不断进展、正直而肯奋斗的集体。结果充分地显露出来，在破产仅仅过去两年零八个月，公司就再次实现了上市，刷新了再上市公司的最短纪录。顺便介绍一下，以前的最短纪录为六年零十个月。但并不是所有公司都能重新上市，约40% 的公司，如三洋证券、NOVA 这样的大公司在申请《公司再生法》后再次破产，最终消失。

正如稻盛在第一章中阐述的那样，无论什么人只要看到自己的努力有了好的结果，都会变得快乐。另外，通过 JAL 哲学的实践，工作本身也会变得越来越有乐趣。实际上，在采访中，我遇到的每一位员工都能积极面对工作，处在"快乐工作"的状态之中。

尽管如此，我们还不能说员工百分之百都改变了。

2013 年 6 月 17 日，JAL 工会组织之一的日本航空乘务员工会（会员人数约 1300 人）发布通告，声称在 19 日举行 24小时全面罢工。JAL 原本就是工会问题非常复杂的公司，有五个行业不同的工会，也有采取劳资协调路线的工会。在这几个行业不同的工会中，日本航空乘务员工会决定在再上市后举行罢工。当然，罢工的理由主要是对工资待遇不满等。对于他们罢工的决定，在 JAL 的 Facebook 里各种批评之声蜂拥而至，有的讽刺说："难道你们已经恢复到可以举行罢工了吗？"公司里也有悲观的声音说："这会让人们误解我们又回到以前那个 JAL 了。""如果他们这么干，会把我们在破产后一点一滴积攒起来的客人的信赖再次丧失掉。"虽然他们最终放弃了罢工，但公司里仍然弥漫着困惑的气氛。

无可置疑，罢工是工人的权利，但滥用权利则不会得到人们的赞同。不好说这次通告举行罢工是否属于滥用权利，但至少可以说与"为顾客提供最好的服务"的企业理念、"人人都是 JAL"和"站在顾客的立场上观察"的哲学格格不入。

如果是以前，公司里肯定会有许多人同情罢工者的要求，但现在几乎没有了。我与采访中相识的一位年轻员工通电话，他在电话的另一边气愤地说："我与乘务员工会的个别人交流过，他们都很感谢稻盛。否定稻盛改革的人有，但只是极少数。现在大家全身心投入工作之际，他们根本不考虑这样做会给客人带来不便，我真的很遗憾。"

顺便介绍一下，通告举行罢工的乘务员工会会员当然也接受过 JAL 哲学教育。稻盛在担任会长期间，虽然没有直接参加与工会的谈判，但他命令有关负责人说："决不能妥协！但应该按照经营数据，推心置腹地与他们谈，能办到的就办，办不到的决不能答应。"以"作为人，何谓正确？"进行判断，这个故事很像稻盛的风格。

第四章　稻盛和夫的哲学

稻盛式家族经营模式 / 反全球化

"有一次在出席获奖晚会后的回家路上，稻盛突然跟我说：'我们去吃烤鸡杂吧！'如此的高龄他还想吃肉呢。午餐时，他经常吃汉堡包，也喜欢吃吉野家牛肉盖浇饭。于是，我们一起去了有乐町铁桥下的居酒屋，边喝烧酒边吃烤鸡杂。稻盛的故乡是鹿儿岛县（译者注：当地盛产白薯烧酒），所以我们喝的当然是白薯烧酒。

"在那间居酒屋里，稻盛对我讲过这样一席话。他说，他每天都会想起母亲，情不自禁地喊出'妈妈'来。有时也想逃避到母亲的身边。他说他本是个性情懦弱的人，但因为必须要养活全体员工，背负着大义，这才使自己变得坚强。

"我从没见过有谁像稻盛那样对自己那么严厉，所以他的这席话让我感到很意外。"

在与JAL广宣工作负责人会谈时，我经常听到有关稻盛的小故事。其中，他们向我讲述过公司里曾有过这样的风潮，即互相显摆自己被稻盛"训斥"的内容。

"上任之初，稻盛几乎每天都发脾气训人。高管们谈起那时的事时，都会扬扬得意地吹嘘说：'我曾经这样被他训斥过。''我曾经那样被训斥过。'"

例如，由于机场场地办公室没有完成清理整顿，某高管被稻盛当面训斥道："你是只说不做的评论家吗？"高管在回顾自己挨训时就像获得勋章一样高兴，这完全是因为他们醉心于稻盛的人格魅力。我从讲述这些故事的广宣负责人的欢快语调中，也能看出他对稻盛的仰慕之心。

今天，稻盛与 JAL 员工之间是家长与家庭成员的关系，他是这个"家庭"当之无愧的家长。"为全体员工谋求物质和精神两方面的幸福"这个 JAL 企业理念向全社会正式宣告，这个家庭要为家庭里每位成员都谋求幸福。反过来，它也有权利要求家庭每一位成员（员工）都必须为这个家庭（公司）尽心尽力。

进入 90 年代，在世界全球化名义下，许多日本企业的经营变得冷漠无情，而稻盛却依然坚持自己温情化的家族经营模式，似乎显得古派陈旧。对此，稻盛这样讲过："我们一起努力，一起幸福。如果能获得理想的成果，我们就共同分享劳动果实。这是我年轻时的梦想，我就是这样经营着公司走过来的。"

在经营京瓷公司前，他曾在松风工业公司当过技术员。那时工人们组织罢工，他不仅没有参加，还留在公司继续工作，扮演了"罢工破坏者"的角色。也就是说，从当工人开始，稻盛就认为经营者与工人之间的关系不应该是对立的，而是应该像一家人一样朝着共同方向前进。

另外，稻盛对用金钱奖励方式，即所谓成果主义的手段，以金钱为诱饵激发工人积极性的欧美式的经营模式持否定态度。他说："这样做并不能持续长久，否则我们这个社会未免大煞风景，了无生趣。"

"我们京瓷的美国子公司在纽约上市，应该说它身处在欧美成果主义的最中心。我让在那里工作的美国人干部学习翻译成英文的哲学，我说我们企业与美国企业相比待遇差一些，但我告诉他要忍耐，让他懂得我们还要有为社会付出的精神，他理解了我的话，一直坚持工作到今天。

我并不完全否定按照成果主义的原则获取巨额报酬的模式，但是我认为，贫富差距日益扩大，这对美国社会绝非幸事。"

在称呼自己的公司时，日本的职员们还常常会使用"我公司"和"敝公司"这种日本式的表达方式，家族经营模式原本是日本企业最大的特征。由于是终身雇佣制，员工对公司忠诚度较高，这成为支撑战后日本经济高速发展的重要原因。但泡沫经济破灭后，日本的家族经营模式体制迅速崩溃，僵硬化的论资排辈制度、串谋和围标等负面新闻被大肆渲染，许多企业随风转舵驶向欧美化，全球化变成正统思想。

那么，结果如何呢？正如稻盛所言，它已把社会变得了无生趣。维系员工与公司的只有金钱上的合同关系。终身雇佣制消失，临时外派工人取代了正式员工的职位，因此员工道德观念下降也是在所难免的。

今天，家族经营模式被重新评估，原因就是对走过头的全球化的逆反。世人皆知的是，就连美国高端 IT 企业也试图通过家族经营模式来调动员工的积极性。例如 Google（谷歌）和 Facebook（社交网站）等公司，它们把办公室称为庭院，充实了餐厅等各种福利设施。据 Glassdoor 公司 2013 年的问卷调查"你最希望就职的企业"前几名中，第一名是 Facebook，第六名是 Google（谷歌）。

附带说一下，"Do not be evil"（不要邪恶！）这句话是 Google（谷歌）公司草创时期的公司宗旨，它与稻盛哲学中的"以'作为人，何谓正确？'进行判断"这一条有共通之处。这不正表明，包括家族式经营在内，稻盛的理想是一种超越国界、具有广泛吸引力的经营哲学吗？

受经济不景气的影响，家族式经营模式的开山鼻祖松下公司曾不得不裁员，但即便是那个时候，稻盛也始终坚持家族式经营模式，从未动摇，由他经营的京瓷公司和第二电电公司也从没裁过人。JAL 破产之后曾招募过志愿退职者，但最终不得不强行裁人，这是因为稻盛必须遵照《公司再生法》的既定方针政策办事。"按照《公司再生法》的规定，公司干部和财产管理人员制定了裁员规模、工资降低标准、飞机处置架数、航线减少条数等公司重组方案，我的职责就是全面执行。如果不执行上述方案，《公司再生法》就不能在JAL生效，因此我抱着非常遗憾的心情参与了裁人。”

稻盛要求留下的3.2万名员工必须成为大家庭的一份子，他说公司必须为员工考虑，反过来也有权要求员工为公司尽心尽力。每个家庭都应该有家规，JAL哲学后来就成为这个大家庭的行为规范。

那么快乐奋斗的工作观和稻盛哲学的根源在哪里呢？下面就让我们一同来追溯稻盛的人生轨迹。

在挫折中诞生的工作观 / 去连首月工资都发不出的公司就职

可以说直到 20 多岁时，稻盛的人生几乎挫折不断。1932年，作为七兄弟的老二，稻盛出生在鹿儿岛市。首先遇到的是没考上初中的挫折，报考了鹿儿岛一中，首年考试不及格，由于他非常想上这所名校，次年再次参加考试，仍然名落孙山。那时他又恰好患上了肺结核，徘徊在死亡线上。更让他雪上加霜的挫折是战争烧毁了他家的住房和父亲经营的印刷厂，生活变得穷困潦倒。

稻盛报考大学的第一志愿是大阪大学医学院，没能考上，再遭挫折，结果只好选择进入本地鹿儿岛大学工学院学习。大学期间，他努力学习以优异的成绩毕业。但由于朝鲜战争（1950—1953 年）结束，日本的特需景气走到尽头，在它的反作用下日本陷入经济萧条，大街小巷充斥着失业者，企业暂停录用新人。他希望在帝国石油等大企业谋得一个职位，但均告失败，最后在大学教授的介绍下，他终于进入京都的松风工业一家生产电瓷（安装在电线杆和铁塔上的绝缘体）以及陶制品的小企业工作。这是一家连他的首月工资都迟迟发不出来的公司。回顾往事，稻盛感慨万分。"23 岁的我为什么刚刚迈出人生第一步，就接连不断饱尝人生痛苦和遭受磨难呢？自己的未来在哪里？"那时的稻盛感叹自己的前途黯淡和命运坎坷。（摘自稻盛和夫著《干法》一书）

同期进入公司的五个人陆续离开公司，一年后只剩下稻盛一人。是继续留下工作还是辞职，稻盛面临着痛苦的抉择，最终他坚定了干好眼前工作的决心。因为他觉得没有一个明确的理由，只是出于模模糊糊的不满而辞职的话，未来的人生道路也不会一帆风顺。就是这次抉择使稻盛的人生出现了转机。

当他埋头公司交给他的高性能陶瓷制品科研后，辞职的烦恼消失，工作也变得越来越有趣了。每天吃住在科研室，自己用陶炉烧水做饭，埋头搞研究，终于成功合成了新材料，新成果也不断涌现。这样一来工作越干越快乐，形成了良性循环。这个时期的成功体验造就了稻盛的工作观，那就是："只要努力工作，就会越干越快乐。"

共享哲学

进入公司三年后，由于对开发方针产生分歧，稻盛离开了松风公司，自己创立了京都陶瓷公司（现称京瓷公司）。他请朋友出资 300 万日元，从此稻盛号正式起航。

创业第三年，高中毕业刚刚进入公司工作一年的 11 名员工集体向稻盛提出了改善工资待遇的要求。公司还没走上正轨，稻盛不可能接受他们的要求，但 11 名员工也决不让步。双方谈了三天三夜，最终，年轻人被稻盛的真诚话语所感动，做出了让步。"我拼上我的命也要为大家保护住这家公司。如果我的经营是为了私利私欲，那么你们用刀刺死我也无妨。"（摘自稻盛和夫著《阿米巴经营》一书）

以此事件为契机，稻盛改变了自己对公司存在意义的看法。原本京瓷公司是他本人为实现自己作为技术人员的梦想而创立的公司，但此时，他发现还有比经营公司更重要的目的，那就是他要维护把一生托付给自己来公司工作的员工们。"为全体员工谋求物质与精神两方面幸福的同时，为人类和社会的进步与发展做出贡献"——与 JAL 企业理念相同的京瓷公司的经营理念就是在这个时期建立起来的。

成为经营者后，稻盛需要经常做出各种决断。对产品开发和制造，他有陶瓷方面的专业知识，应对自如。但面对财务和销售业务，他却是个门外汉。因此，拿什么来作为判断标准，他常为此感到头痛。最终，他得出的结论是："以'作为人，何谓正确？'进行判断。"他认为，如果做出违背童年时代从父母身上学到的道德规范的事，将来肯定会遭到报应。

稻盛在 2012 年 12 月召开的 JAL 哲学发布会上，就道德观与哲学的缺失发表了他的见解。他说："当我们看到报道有关企业发生丑闻的消息时，总会想他们为什么会干出那种傻事？实际上这都是当事者依据本能做出的判断，换句话说，就是他们为了保护自己。他们知道事情败露会造成严重后果，导致公司破产，自己也得承担相应责任，所以能隐瞒就隐瞒。此时，本应做出正确抉择的想法被他们抛到九霄云外，这些自认为是优秀企业家的家伙，首先考虑的不是利人而是利己，不是做出正确的抉择而是行明哲保身之道。本来，此时的领导不应过多考虑自身的利益，应想方设法挽救集体，但此刻的他们却把自己看得比什么都重要，他们明白如果招致失败，后果不堪设想。大家可能都会这样想'怎么做出那种傻事'，但实际上在现实中无论谁遇到这种情况，都容易犯下同样的错误。原因在于，这些公司特别是它们的领导缺乏哲学和理念，都是凭着本能在行动。我认为，这才是问题的根源所在。"

在谈到概括了自己价值观的经营哲学时，稻盛说道："作为经营者，无论多么努力，他一个人所能做成的事总是有限的。在创建京瓷公司时，我就希望拥有几位与我志同道合、具备相同经营理念的伙伴。那时，我想创建的不是股份公司，而是具有伙伴关系性质的组织。所以，在经营过程中能产生几个与我抱有同样的经营理念的伙伴，这个愿望在创建京瓷和第二电电公司时是这样，在重建 JAL 时也没改变。

"我刚到 JAL 时曾这样讲过：'如果你们认为这是我们自己的公司，是保护我们自己生存的公司，那我们就共同努力奋斗。为此，我希望每位员工必须与我一样拥有经营者的意识，努力投身到工作中去。而要想具备经营者的意识，那你们的想法、价值观、判断标准必须与我保持一致。我会把多年来积累的哲学思想毫无保留地介绍给大家，请大家把它改编成适应 JAL 的经营哲学，共同学习，消化成自己的东西。'"

盛和塾 / 超过 8000 人的同志

稻盛的哲学思想——人生哲学、经营哲学不仅在与他有关的京瓷公司、KDDI、JAL 深受欢迎，现在已被更多的企业经营者所接受。起到重要传播作用的是以稻盛为塾长、学习稻盛哲学的经营者研修会"盛和塾"。

盛和塾的前身是"盛友塾"，成立于 30 多年前的 1983 年，由京都 20 多名年轻的经营者为向稻盛求教而自发成立的。在那以后学员不断增加，到 2010 年稻盛就任 JAL 会长时，人数已达 5500 人。现在，在日本国内外拥有 70 个支部，学员约 8000 余人。在这些人员中有原日本国家足球队总教练冈田武史，二手图书公司创立者、现在经营"我的法国餐""我的意大利餐"等餐厅的"我的公司"总经理坂本孝等人。日本软银集团的孙正义也曾是它的成员。

这 8000 多名学员几乎都是自己创业的企业家或家族企业的经营者，换言之就是日本中小企业的经营者。他们仰慕稻盛，祈求稻盛的教导是因为稻盛曾与他们一样，作为创业者创立了京瓷公司。另外，稻盛始终坚持家族式经营模式和他远离官僚体制的心理气质也与这些中小企业出身的经营者不谋而合。他们与那些必须在类似官僚体制的激烈人事争斗中出人头地、被要求在短短任期内拿出成绩的大企业工薪阶层出身的总经理相比，至少出身门第和想法完全不同。

正因为如此，稻盛在这个被称为典型的官僚主义集权化、受精英集团全面掌控的 JAL 成功推行的意识改革，意义极大。它向世人证明，无论对谁都能进行意识改革。

在稻盛就任 JAL 会长后，盛和塾成立了"盛和塾 JAL 后援团"，把乘坐 JAL 当作支持稻盛塾长的具体行动。与 JAL 员工一样，他们也醉心于稻盛的哲学思想，有时还被人揶揄为"稻盛教"。那么为什么稻盛有这样大的向心力呢？

"像他那样 80 多岁的上市企业大领导，还能为别人免费打工，世上能有几人？在我们召开的世界大会上，整整两天他可以在台上不打一个瞌睡，耐心听取学员们的讲话并亲自点评，晚上还要参加联谊会。稻盛塾长言行一致的行为，我们是由衷地钦佩。"这是入塾十年的坂上仁志（Foster one 公司代表）的发言。（摘自《钻石周刊》）

言行一致也可以叫作言出必行，这一点是稻盛最了不起的地方。稻盛的哲学是按照最基本的道德观编写的，无论谁都能看得懂，但如果真让他去实践就另当别论，不是什么人都能够做到。由稻盛亲手缔造的哲学，不是他拍脑子凭空想象出来的。在经历过无数次挫折后，他建立了自己的工作观；在与年轻员工发生冲突后，他意识到经营的意义何在；在不得不面临的无数次经营决断中，他确立了自己的价值观。他的哲学全部来自于他的实践。

稻盛和夫年谱

1932 年　1 月 21 日生于鹿儿岛市

1944 年　报考鹿儿岛第一中学未被录取，进入普通高小

1945 年　患结核病、遭遇空袭，家被烧毁

1951 年　鹿儿岛大学工学院应用化学系学习

1955 年　鹿儿岛大学毕业后进入京都电瓷制造公司松风工业公司从事新陶瓷研究

1958 年　离开松风工业

1959 年　创办京都陶瓷公司

1961 年　在与高中毕业生员工集体交涉后确立了经营理念

1966 年　就任京都陶瓷公司总经理

1971 年　京都陶瓷公司上市大阪证券市场第二部、京都证券市场

1982 年　公司改名京瓷公司

1983 年　创办为年轻经营者举办的学习研讨会——盛友会（现为盛和塾）

1984 年　投入私财创立稻盛财团

　　　　　　创办第二电电，就任会长

1986 年　专任京瓷公司会长

1995 年　就任京都商工会议所会长

1997 年　辞去京瓷公司、第二电电公司会长之职，就任
　　　　　股东名誉会长
　　　　　临济宗妙心寺派圆福寺在家修行

2000 年　DDI、KDD、IDO 合并成立 KDDI

2001 年　就任 KDDI 最高顾问

2003 年　设立盛和福祉会和稻盛福祉财团

2005 年　在鹿儿岛大学设立稻盛经营技术学院（现为稻
　　　　　盛学院）

2010 年　2 月 2 日就任日本航空会长
　　　　　就任内阁特别顾问

2012 年　就任日本航空名誉会长

2013 年　3 月 31 日卸任日本航空董事（继续担任名誉会长）

第五章　工作快乐了吗？

我们的这三年

稻盛和夫要求 JAL 员工进行意识改革的内涵是，公司领导和员工必须面向同一方向，包括领导在内的全体员工必须具有相同的想法、价值观和判断事物的标准。所谓同一方向，就是为"自己的"公司努力奋斗；所谓同样的判断标准，那就是 JAL 哲学。这些无论哪一条都是根据稻盛本人的实践经验深化而来的。

虽然 3.2 万名 JAL 员工都接受了稻盛的意识改革，但过程并不一帆风顺，他们每个人都有过不同的刻骨铭心的开端和各自不一样的独特体验。下面让我们把视点从宏观转向微观，让我们从 JAL 破产后个人的成长史上，追踪意识改革的真相。

他们每个人是如何把稻盛播下的种子在自己身上生根发芽的？他们为什么接受了精神论？通过意识改革，他们的工作观到底发生了什么样的变化？我想，这里面肯定隐藏着未来能够改变所有日本人对待工作态度的启示。

"通过'经商',我把哲学消化成自己的东西了"

—— 吉田亚纪子(客服本部舱内销售组,30 多岁)

我是在被称为就业冰河期的 1999 年参加工作的。刚毕业时,工作一直定不下来,我很焦虑,是 JAL 第一个发给我内定录取通知的,接着陆续收到一些公司的录取通知,在此期间我还考取了教师资格。我想将来还有机会跳槽去其他行业工作,但考上空姐(CA)及进入航空业对我来说这恐怕是唯一的机会,所以最终我选择了 JAL。当然,是 JAL 第一个发给我内定录取通知,我感到很高兴。这也是原因之一吧。

说实在的,在此之前我从没乘坐过 JAL,不仅如此,我连飞机都没坐过。所以,我对航空公司是个什么样的公司毫无概念,我对空姐的印象也只是觉得她们会讲英语。

进入公司的最初印象是,这里有许多不同工种的人,公司真的好庞大。不过,CA 是特殊行业,接受专门训练登机后,我们就开始生活在独特的世界里。对此我并没有什么疑问或不满,能接触到客人我就感到很高兴,心满意足。

但毕竟我们生活在 CA 的特殊世界里,与外界接触不多,一旦出现棘手问题时,我们就不知道找谁去商量。比如,有客人曾问我"航空里程积分卡"的问题，当然大致的情况我了解一些，但我真的不清楚"航空里程积分卡"的复杂全貌。因为是客人提出的问题，我必须全面准确地回答，但我真的不知道该去向哪个部门咨询，只好询问同期加入公司的同事或前辈。结果，通过个人的网络，私下地向负责航空里程积分卡的朋友咨询之后，问题才得以解决。当然，那时在公司内部也设有专门收集顾客向乘务人员提出的问题并转交有关部门的正式渠道，但我从来也没有过想去了解和利用这条专设渠道的想法。只是简单认为，我是一名空乘，做好自己的本职工作就行。所以，要站在公司的角度考虑呀，每个员工要具有经营者意识呀，这些事情在公司破产前想都没想过。

刚刚开始传闻 JAL 发生经营危机时，我根本不知道哪里有危机？危机的程度有多大？ JAL 的飞机还是每天照常飞行，客人也还是同样乘坐我们的航班，我根本没有感觉到任何变化。

我们也没有所谓"成本意识 = 费用"的感觉。无论舱内盒式便餐也好，使用的纸杯也罢都是其他部门供应的，它们价值多少钱与我毫不相干，所以我根本搞不懂 JAL 到底有多大危机。我认为，只要一如既往地为顾客提供优质的服务就不会有错。现在想来，那时的我每天稀里糊涂地飞来飞去，没有危机感，也没有问题意识。

在 JAL 申请《公司再生法》的 2010 年 1 月 19 日，我执行从海地回国的航班，经由安克雷奇飞往成田。就在一星期前的1月12日，海地发生大地震，JAL为此增飞了救援包机，主要负责运送去当地救援的医疗队和救灾物资，我执行的就是这家救援包机。飞机回到成田机场后，我才知道公司破产的事，但同时也从上司那里听到JAL在顾客和社会的支持下，从明天起航班照常飞行的说明。实际上，第二天我的飞行计划丝毫没有变化，对破产只是多少有点意外。以前，电视剧给我的印象是，在倒闭的公司门前聚集着大批讨债人，但我们公司破产似乎与这样的剧情完全不符，这反倒使我搞不明白公司破产到底是怎么一回事。此时的我只是觉得，我能在给社会添了许多麻烦后还可以继续飞行的JAL公司工作，真的很幸运。

我真正感觉到公司破产是在4月份以后，周围环境发生变化时。首先，我被列为希望退职人员名单，上司约谈了我。就是在被约谈之中，我也没有感到现实已经落到我的身上。最终，我决定不辞职继续飞行，那是因为我想起飞海地包机的事。

就在破产前几天，JAL被政府委派向没有定期航班的海地飞包机，这件事使我深深体会到，一旦发生大事能为社会做出贡献的只有我们的JAL。所以，我决定留下为重建这样的公司做出自己的贡献。

不久，许多老前辈和同事陆续辞了职。

"某某要辞职，我们送花吗？"

"我决定辞职，吉田你要继续努力啊！"

每天我都能听到这样的对话，这时我才真正体会到公司破产原来是这么一回事。工资也被削减了。尽管大家还抱着能让我们留下继续工作的感恩之心，但与以前相比，发生了翻天覆地的变化，整个公司笼罩在阴沉沉的气氛中，破产的现实终于波及到我们的工作岗位。

公司引进了"部门独立核算制度"，但我搞不懂它的真正含义。"你没浪费电吗？"即便有人当着我的面这样讲，我也是一片茫然，心想："这个公司到底怎么了？"更加加重对公司的担忧和焦虑。此时，我脑袋里想的不是应该拿出新的行动为公司重建做些什么，心里只是想着公司的确发生了大事，始终采取呆呆观望的态度。这一年我就是这样度过的。

2011 年 1 月，JAL 发行了哲学手册，4 月开始了 JAL 哲学教育。当时，我认为这个哲学不可能渗透到公司的每个角落。或许大家会赞同它的内容，但那只会停留在口头上，会渐渐淡出人们的视野。因为以前的 JAL 也曾满足于制作和高呼口号，谁也不会真正去活学活用，今天的 JAL 哲学最终也会落得同样下场。说实在的，我敬佩 JAL 哲学手册中记述的内容，但也只满足于阅读，始终觉得与自己无关。我心里明白，如果真能做到哲学里说的那样，太让人敬佩，恐怕无人能做到。

让我真正开始转变思想意识是在 2011 年 4 月，我被调到客服本部的舱内商品销售策划部工作之后的事。商品策划部的工作主要是围绕着制作 6 本国内航线、6 本国际航线共计 12 本机舱内商品销售杂志展开的。首先，从选择商品开始，国际航线以免税商品为主，国内航线 JAL 自主品牌的商品较多。从商品的策划阶段开始，我们参与了设计、原材料采购、色彩选定等许多工作。

　　商品选定后，我们要决定商品目录的封面、特刊等。为了招募广告，我们还得亲自外出跑广告，几乎干的就是出版社的工作。同时，我们还要参与订货、定价、商品检查、库房管理、物流管理和应对顾客投诉等工作，可以说所有有关"买卖"的工作，我们部门也要亲自动手去做。

　　来商品策划部工作之前，我在飞机上为客人服务，在与客人的快乐交流中，不知不觉度过了十多年。那时，我想的很简单，认为公司存在是必然的，只要飞机飞行就有利润，我们就能领工资，就可以继续明天的飞行工作。但是一个偶然的机会，我被调到可以学习经营的部门后，这才使我真正明白，公司的存在不是必然的，它需要经营。因为，从事商品策划工作，我必须学会经营。

　　以目前我们为国内航线提供的 JAL 品牌手表为例，大前提是该款手表必须是能够提高收益的商品，为此，设定基本设计思想很重要，我们把"价格合理，轻便舒适"作为基本设计理念，为每只手表配上 3 种不同颜色的表带。基本设计思想设定后，我们委托生产厂家加工样品。样品生产出来后，我们对秒针、文字和表盘、表带颜色等做了五六次反复修改，总共花费了一个多月的时间才完成样品的定样。

现实中，无论你生产出多么好的产品，如果定价出错的话，这单生意就失败了。假如卖得太便宜，卖得再多也赚不到钱。相反，价钱太贵也卖不动。正如稻盛常讲的那样："定价就是经营。"虽然 JAL 品牌手表属于只能在 JAL 飞机机舱内买到的稀缺商品，但从经验上判断，如果在国内航线定价 1 万日元以上，这种商品肯定很难卖出。

另外，不光定价事伤脑筋，进货量也同样令人头疼。进货太多怕卖不出去，进少了又怕失去商机，最后我们定价 7000 日元，进货 5000 只，最终全部成功售出。我觉得这样做"买卖"才叫经营。以前稀里糊涂工作的我，现在也自觉不自觉地开始有了经营者的意识。

通过商品策划工作，我掌握了成本意识和经营数字这两项自己最欠缺的东西。并且，通过"买卖"，我比以前更深刻领悟到稻盛的哲学思想。"销售最大化，经费最小化""不成功不罢休"，我现在完全可以把 JAL 哲学运用到我的日常工作中。假如我现在还是一名空乘，对工作的意识肯定还处在模糊阶段，或许根本体会不到 JAL 哲学能否反映到工作上去完全取决于你自己的意愿。所以，我认为是商品策划工作转变了我的意识，大点说，是改变了我的人生。

我曾被稻盛批评过一次。那时，在客服本部里摆放着舱内销售商品的陈列柜，是为了让空乘事前了解商品详细情况摆设的。

稻盛看到后直摇头，说道："你们这样摆放，空乘根本无法拿到手里仔细看，连空乘都无法确认的商品，她们怎么能更好地向顾客推荐呢?"在他批评后，我们立刻取消了陈列柜式的展示形式，换成了能让空乘拿到手里仔细确认的方式。稻盛会经常指出我们工作中存在的不足，然后告诉我们服务顾客的最佳方式方法。

在努力满足客人的基础上，只要我们稍微用点心，就能提高销售额，这就是我今天从事的工作。自从我被调到商品策划部后，通过完全崭新的工作体验，对于现在的工作，我变得更快乐、更积极了。

"破产当天我接过股东的电话，现在他的声音还回响在我耳边"

—— （飞行本部机长，40多岁）

黑暗中的圣诞树——这是我对飞机的最早体验。

初中时，由于父亲工作的缘故，我有幸第一次乘JAL飞机去了悉尼。飞行中，空姐问我愿不愿意参观驾驶舱，把我带进了巨型喷气客机的驾驶舱。今天出于安全上的考虑已经明确禁止进入驾驶舱，但那时还是允许的。因为是夜晚，驾驶舱里的仪表盘闪着亮光，宛如黑暗中的圣诞树。我被眼前的光景所感动，同时我也深感疑惑，我们的飞机是如何在这三次元的世界中飞到目的地的。那时的印象深深印刻在我的脑海里。

我在大学期间学计算机。大学三年级时，有一天我偶然看到JAL招收飞行学员的广告，那时我的脑海里忽然浮现出那颗黑暗中的圣诞树。本来我的人生应该走另一条路，但我决定以轻松的心态接受这次考验。第一次考试，第二次考试……经过六次考试，每通过一次考试我的热情就更上一层楼。

进入公司的前十个月，我在新东京国际机场（现成田机场）旅客部的登记台实习。之后被分配到飞行乘务员训练部，接受飞行员的专业训练。成为副驾驶员用了整整四年，进入公司五年后的 1995 年，才真正飞向蓝天。飞行员的工作是特殊工种。最初的目标是副驾驶员，当上副驾驶员后又把目标瞄向正驾驶员。平时，我们要不断接受训练和学习，还要根据驾驶飞机机种不同，参加国家统一考试，如果要改变驾驶机种，还必须再接受六个月的训练和学习，我觉得我们飞行员学无止境。另外，我们的工作方式也与普通人不同，不需要每天按时上班谒见领导，会见同事，一起工作。我们只需与指定的机长或副驾驶员乘上指定的航班共同飞行，返航后直接回家就行。因此，与其他工种的员工相比，对公司的归属意识比较淡薄。

　　进入公司不久，日本就发生了泡沫经济，JAL 的业绩也逐年下降，当时我也模糊地想过："自己的公司还能撑得住吗？"因为我一直是飞机驾驶员，从副驾驶时代开始就一直接受训练，忙于提高自己的技艺，几乎从来没看过财务报表，虽然在开会时茫然地听到过经营者谈起赤字或黑字，但更具体的情况就不清楚了。由于从来不涉及有关经营的具体数据，当然也不会了解经营的具体情况。当时，我认为只要圆满完成公司交给的飞行任务就是对公司的最大贡献。

　　破产前，公司内部的情况是经营属经营，业务归业务，如果把它们比作不同的几家公司可能太夸张，但机务、飞行、客服等部门的关系没有今天这么密切，相互之间根本不了解对方部门的具体情况却是事实。在 JAL 破产的前几年，有一次我与在金融界工作的朋友喝酒时，他曾告诉我 JAL 的经营状态相当不好。但我从没想过要跳槽，公司破产前后，我们 JAL 飞行员中也有想转投国外航空公司或新建航空公司的人，但我决心只要 JAL 不让我走人，我就一直留在公司，哪怕公司破产也要留到最后。虽然我的想法有些古板陈旧，但我一直认为是公司有恩惠于我，把我培养成飞行员，我应该知恩图报。当然，这里面也有我从小就喜欢 JAL 的缘故。

2010 年 1 月 17 日和 18 日我飞国内航线，预定 19 日休息。但飞行回来后我接到命令，让我 19 日和 20 日去公司本部股东电话应答中心报到。电话里说："考虑到股东打来的电话多，接待的人手不够，公司从各部门抽人组成救援部队，应对股东的电话质询。"我知道该来的这一天终于到了，虽然我没再多问，但我清楚知道那一天是 19 日，是 JAL 破产之日。

电话应答中心摆放着几十张布满电话机的桌子，包括从外部门借调来的我们八个人，桌子旁坐满了人，屋子里弥漫着沉重的气氛。我刚坐下，旁边桌子就响起了电话铃声，我默默听着邻桌的答话，心里猜想着他们对话的情景。几分钟后，我面前的电话也响起了铃声，我深深吸了一口气，拿起电话。

电话机那边是位上了年纪的男人。他问道："我是 JAL 的股东，如果公司破产，我的股份怎么办？"

我集中思想，脑袋里想象着那位看不见的股东的模样，满怀诚意地向他赔罪。

　　"这是我用养老金购买的。"老人说道。他说的话不多，但从他那微弱的声音里，我感到心情异常地沉重。我记得我向他说过他的股份可能 100% 减资，虽然这句话很难启齿。

　　"你说的意思就是一堆废纸吗？那可就麻烦啦！"

　　耳边听着股东的叹息声，我真不知道该如何回答他，只能一个劲地赔罪。其实对我来说，我所能做的也只有赔礼道歉。

　　我们之间的应答虽然只有短短几分钟，但我觉得时间过得好长。我放下电话机后，他那微弱的声音还一直回响在我的耳边。那位股东今后将如何生活下去？是我们破坏了他的幸福晚年，是我们给他造成无法挽回的损失。我的心情非常沮丧，罪恶感让我心如刀绞，浑身颤抖。之后，我桌上的电话铃多次响起，我也只能尽自己所能不断地向他们赔礼道歉。每次赔罪后，我都深深感到是我们给那么多人添了麻烦，自责和罪恶感剧增。虽然我并十分清楚我到底做错了什么，但深深感到自己负有不可推卸的责任。

　　至今，那位股东的声音还回响在我的耳边，每当我想起时，便心如刀绞。破产后，我的第一次飞行是巴黎。那次，我是带着给许多人添了麻烦的赔罪心理以及我还能继续飞行的感恩之心执行飞行的。那种复杂的心情，我至今难以忘怀，是股东们的声音改变了我的意识，是"JAL 哲学"为我转变意识指明了前进的道路。

　　我最大的改变是在成本控制意识上。说实在的，在破产前我不太关心成本控制，不清楚公司钱包里装着什么，认为管理钱包的工作不属于我的职责范畴。话虽如此，在破产前，我并非完全不考虑节约成本，我们飞行员能够做的就是降低燃料消耗。因为，燃料占我们营业费用支出的半数以上。

一般来说，飞机装载燃料时，我们使用磅为计量单位，国际航线时，每次装十几万磅，国内航线时，装三万到四万磅燃油。比如，我们装载 4.3 万磅燃油，以前，尾数是以千磅为最小装载计量单位。后来，我们精确到以百磅为最小装载计量单位。如果装载太多的燃料，机体变重，消耗燃料就会相应增加。因此，为尽可能减轻机体重量，我们精确到百位数以内。在飞机起飞时，如果没有必要，我们尽量不增加发动机的转速。因为，机体轻时发动机不用开到最大输出也能起飞。后来，我们引进了根据当时飞机重量计算发动机最合适输出量的系统，这样做不仅可以节省燃料，同时也达到了控制维修成本的目的。因为，如果增加发动机转速，排气部位的温度就会提高，维修周期就相应缩短。相反，如果不增加发动机转速，维修周期就会相应加长，这样就可以达到压缩成本的目的。

破产前，尽管我们也为降低成本动了不少脑筋。但破产后，我们飞行员更是自觉地想方设法压缩成本。波音 777 型和767 型都是左右各搭载一台发动机的双发动机种，在确保安全的前提下，着陆后我们都关闭一台发动机。因为，着陆后只需一点点小技术，使用单发动机飞机完全可以滑行到停机坪。虽然每次地面移动燃料消耗量并不太大，但根据机场大小不同，一般也需要 10 ~ 15 分钟的滑行时间，关闭一台发动机，我们至少可以减少一台发动机的燃油消耗。另外，飞机上使用的电力是由发动机发的电，在停机时，为了不浪费燃料，我们尽量使用地面上的电源，空调也利用地上管道送风。夏天为保证客人登机前舱内温度不升高，全部关闭舷窗的遮光板。我们尽量减少纸张使用，不断完善电子化的指南手册，同时自带玻璃水杯上飞机，尽量不使用舱内的纸杯。实施诸如此类的压缩成本的措施，现在已经是我们的家常便饭。

上班的交通手段也改变了。刚入公司时，我是从自己家里穿着制服，打着出租车去机场的。那时，身边的人都这样做，自己也没感到有什么不对。泡沫经济破灭后业绩不佳，公司不再允许所有的人都乘出租车上班，而是根据居住的方向、飞行路线、时间等，详细制定了打车规定。我在破产前几年，就尽量不乘出租车上班，目的就是为公司节约成本做点什么。现在，我们原则上乘坐电车或机场大巴上班，只有在公共交通没开动或结束的早晨和深夜，使用出租车，但也是同方向的几个人共乘一辆车。进入公司的初期，我们在乘务工作中需要住酒店时，尽量找市中心最好的酒店住。比如，到纽约时一定要住曼哈顿中心的酒店，但现在尽量找郊区价格适当的酒店住。在日本国内一般都住经济型酒店。

说实在的，我们飞行员也有被误解的地方。给外人的印象是，我们是一群打高尔夫、养大型犬、坐高级轿车的土豪。我想，这些都是媒体捏造出来的。当然，飞行员里面也会有喜欢打高尔夫的人，爱好养大型犬的人，但我想没有一个人会同样都拥有这几种嗜好，只不过是媒体小报硬把几件不相干的话题拼凑到一起罢了。事实上，媒体宣传的年收入我没领过，至少我可以说，比我年轻的那一代更不可能是媒体说的那种土豪。破产后，工资被降，我必须重新制订家庭生活费支出计划。首先，要保证子女教育费的问题。其次，考虑的是削减哪块费用。我与老婆商量后，决定先减了无关紧要的外出就餐的次数，把每月一次改为两个月一次，车是 11 年前买的国产车，前几天刚做过车检，我们准备再使用两年。另外，还做出一些细小的努力，比如使用网上银行，压缩水电热力支出费用等。

公司破产那天接听到的股东电话，使我的思想意识发生了翻天覆地的变化。所以，我本人非常欢迎稻盛会长的到来。我认为，他的到来对 JAL 绝对有好处。如果不是稻盛和夫，而是从公司内部挑选某人来负责公司重建，我估计公司不会有任何变化。就像日产公司从外部请来与公司毫无瓜葛的卡洛斯·戈恩一样，只有这样才能让 JAL 真正面貌一新。

回顾破产前的自己，我深深感到，JAL 哲学读起来通俗易懂，心里也明白它说的都对，但很多时候我们并没有把这些朴素的道理落实到具体的行动中去。

"成为旋涡的中心"，这是 JAL 哲学中的一句话。我的理

解是：如果你感到有疑问，自己应该率先行动起来，通过开展
以自己为中心的活动，带动周围的人群。但在以前的 JAL，即
便你心存疑虑，对不属于自己管辖范围内的事绝不会出手。现
在，公司内部横向联系畅通无阻，部门之间可以自然进行交
流。拿我举例来说，有修学旅行的团体客人时，我会通过舱内
广播表达感谢。通常营业部门会通过空乘把有关学校的名称转
告给我。但有一次，我把校名读错了。想想看这里也挺复杂
的，日语中有县立、市立、私立叫法不同，有带不带浊音的区
别以及是否是简称等，容易读错校名的因素很多。因此即便我
们怀着感激的心情致以谢意，但一旦读错校名，这一切努力也
就白费了。

　　对此，我感到了疑虑，觉得不能再这样下去。于是我决定
以自己为旋涡的中心，向有关方面呼吁。我打电话给"顾客援
助办公室"，提交了问题。于是，很快在全国范围内完善了学
校名称的联络方法，公司里所有与校名有关的部门都重新校正
了学校的正式名称。如果是在以前的 JAL，也许我接过递来的
写有校名的纸条后，肯定不会多想，就直接广播出去。即便发
现了错误，最多也只是以为书写错误，而不会把它当成问题提
出来，更不会想办法去解决。

　　"最好的交接。"我理解这句 JAL 哲学的意思是：构筑各组
织之间密切的横向协作关系，并把它落实到具体工作中。拿我
们飞行员与机务部门的协作为例，以前飞行中发现飞机某装置

发生问题时，飞行员一般是回航后，报告给机务部门。现在，改成发生问题后，尽可能在飞行中就通告有关部门，这样可以使相关部门事前就做好飞机的替换、零配件的准备和人员调配等工作，有助于避免下班航班的延误。

经过破产的锤炼，今天的我们已经完全能够站在顾客的立场上，考虑如何能为顾客提供更满意的服务。比如，当我们获得怀抱婴儿的母亲登机的消息后，首先会考虑选择不晃动的高度飞行，尽量减少飞机的晃动。另外，如果母亲怀抱婴儿乘机，一般还可能携带上幼儿园或上小学的孩子同行，我们会通知地勤人员在进舱门前带小孩子去厕所，因为经常发生小孩子突然想去厕所的情况。就像这样，现在我们会把工作考虑得越来越深入细致，让客人得到更大的满足和快乐。

这一切变化都来源于破产后我第一次飞行时那种深深的愧疚和感恩之情。现在，我不仅对公司外部，对公司内部也是同样抱着感恩之情，希望与他们构筑良好的关系。飞行员最重要的工作是保证飞行安全，我在确保安全飞行的同时，也会经常站在顾客的角度上思考问题，多方面参与控制成本的工作。现在，我工作越干越有劲头。

"东日本大地震改变我的人生观"

——武田麻里（山新观光公司山形机场地勤，30多岁）

我从北海道千岁的日本航空专科学校毕业后，就在成田的日本服务公司（现为 JAL 东京地勤服务公司）从事进口货物的搬运工作。

我喜欢山形，想回家乡工作，十年前我回到老家山形。最初，我是作为合同工进入山新观光公司（JAL 业务外包公司，没有资本关系），在山形机场为 JAL 的航班提供地勤服务。所谓地勤服务，你们透过飞机舷窗就能看到，就是那些从事引导飞机和装卸行李工作的人们。山形机场起降的飞机比较小，相比每架飞机的工作量也不大，但每天我们三四名地勤人员需要承担各种不同的繁杂工作，这点与成田那样的大机场不同。

JAL 的破产对我来说似乎是很久以前的事，现在已变得模糊没有真实感。那时，我亲眼看到过有关破产的业务联络函件，上面明确写着"破产"两个字。但接下来的第二天，飞机照常飞行，业务也没有中断，让我一头雾水。我只是感到大公司的破产太不可思议。

对破产的事，我父母什么也没说，我的工作又不直接接触顾客，所以也没受过他们的责难。对我来说，与破产前相比，似乎什么也没有改变。

让我真正感到破产的是在不久之后，首先，一些同事陆续辞了职，由于JAL减少了航线，山形连接札幌和名古屋的定期航班被取消，所以不再像以前那样需要人手。虽然公司嘴上没说解雇，但不再与合同工续签新的合同了。直到身旁的同伴一个又一个减少时，我才真正感到JAL破产的余波已经波及我的身边。以前我曾工作过的公司（成田机场服务公司）的旧同事们也频繁联系我说，自己辞去了公司的职务。

就在我身陷彷徨感到不安的时候，发生了东日本大地震。地震时我身在办公室，由于摇晃太剧烈，我不由得抓住身旁同事的手，此时此刻也许我真心希望谁能帮扶我一把。不仅是我，屋里所有的人都手拉着手，相互搀扶共抗地震。我隔着窗户看到停放飞机的停机坪（为承受停放飞机的重量打下厚厚的混凝土的部分）已开始扭曲变形，飞机的牵引车像波浪中的一条小船摇摆不定。地震的晃动刚刚停止，机场就停了电。

当时，机场内没有飞机，但我立刻联想到，现在机场的状况不知还能否接受黄昏前后那架航班的降落。现在很难与外界取得联系，无法确认飞机是否还能飞来。总之，一切都处在非常状态。结果那架航班停航了。领导对我们说："趁着天还亮，赶紧回家吧！"机场内部有辅助电源可以用于照明，他可能是担心外面停电没有交通信号灯，天黑行路危险。

　　第二天早晨起床后，我心里暗暗思索："今天飞机飞，还是不飞？去上班有没有工作做？"带着疑虑，我随口地对父母说："也许我一会儿就回来。"来到机场，令我没有想到的是，地震后的次日，山形机场航班一切正常，还额外飞来一架临时航班，我们的工作量也基本与往日相同。但地震后的第二天，我上班进入机场航站楼后，看到顾客在柜台前排成一列长队。起初，我不明白发生了什么事，因为家里停电无法看电视，我不清楚山形机场的具体情况。稍后我才知道，因为东北新干线停运，高速公路断裂，连接日本各地和东北地区的主要交通手段现在只剩下飞机了。另外，同处东北地区邻县的仙台机场由于海啸的破坏已经完全不能使用，为此，山形机场增设了许多飞东京和大阪的临时航班，这就是大量客人涌入山形机场的原因。

　　从那时起，不断有大批临时航班飞来山形。后来我才听说是大西总经理（现会长）做出的决定，他鼓励全体员工说："现在该是我们回馈社会的时候，是他们给予我们再生的机会，让我们把JAL所有的资源全都倾注到东北地区吧！"结果，临时航班不断增加。山形机场共有四块停机坪，从外地飞来的防灾、救援直升机占用了两块，民间航班只能使用剩下的两块。这样就需要我们加速机场地面作业，让飞机尽快起飞，腾出空位迎接下一班航班。

　　货物装卸量也很大，每架飞机货舱舱门打开，里面货物都装得满满当当。与成田机场不同，平时山形这样的地方机场起降的飞机都很小，货物装卸基本不使用机械，只靠人工。我清楚地记得，像水这样的救灾物资很重，装卸起来非常困难，但只要我们想到这是送给灾区人民的救灾物资，再大的困难我们也能克服。

可能是灾后第二天或第三天，JAL 就着手从各地机场抽调员工赶来支援。最初，从伊丹 (译者注：大阪的机场) 抽调了六人，从福冈抽调了四人，在那之后人员不断轮换。山形是个小机场，原本工作人员就不多，突然之间增加了许多临时航班，特别是大飞机飞来后，旅客和行李猛增，我们原来的人手根本忙不过来，他们的到来的确帮了我们大忙。

那时我们真的太忙，忙得早晨上班后不知什么时间能够再休息，也没有特定的吃饭时间，只能抽空站着吃上司带来的饭团和紫菜团。当时城里的超市进不来货，食品全都卖光了，说句实话，能吃到饭团子就算烧高香了。地震过去两个星期后，我终于可以休假，当天就去了美容院剪发。我原来头发就留得比较长，这次只想剪成短短的寸头，这是非常时期，已顾不上发型了，只要脑袋舒服就行。第二天早晨上班，同事们看到我都问："喂 , 这家伙是谁呀 ? "

"你们忙坏了吧！"许多人都很心疼我们。实际上，JAL 最终向东北地区安排了 2700 多架次的临时航班，其中，半数以上飞到了山形机场，那些日子里我们真是忙得脚打后脑勺儿。

但我喜欢这种忙，能为灾区人民做点事，我感到忙得有意义。这次，我有机会与全国各地地勤一起工作，把从他们身上学到的许多宝贵经验变成了自己的财富。我不仅懂得了更多的工作方式，在 JAL 中也结交了许多朋友，至今我仍然与他们交往着。更重要的是，地震灾害改变了我的人生观，或者说让我觉醒了。在那之前，我对这些毫无兴趣。地震前一个月，我也收到过 JAL 哲学手册，只看过一遍就收到抽屉里，让它在里面躺着睡大觉了。地震后，我主动参加了励志教育的学习会和讲演会。恰好在我认识到励志教育的重要性时，公司开展了"JAL 哲学教育"的活动，使我受益匪浅。通过"JAL 哲学教育"，当我真正接触到稻盛的语录后，我的内心发生了不可思议的变化。

我是从去东京研修回来的上司那里学到的 JAL 哲学，每次听他授课我都觉得茅塞顿开。比如，我最喜欢的哲学名言是"常怀感激之心"，这真是一句至理名言！每当我想到像稻盛这样的伟人也与我们一样以感恩之心面对工作时，心里就感到非常高兴。所以，在稻盛宣布辞去董事后，大家决定送给他表达谢意的卡片时，我不仅送了一张卡片，还给他写了一封信。表达谢意的卡片比普通名片稍大，是 JAL 员工对工作互表谢意时使用的。但我觉得这张卡片太小，无法装下我对稻盛的感激之情。

信是这样写的："经历过地震灾害的各种体验，正当我重新思考自己到底能做些什么的时候，'JAL 哲学'的教育活动帮助我迅速成长起来。它不仅能促进像公司这样的组织机构的发展，也促进了我个人的成长，对此我很感激。我深深感到，使用和学习'JAL 哲学'的公司未来无限光明，我愿意作为JAL 的一员倾注全力做好自己的本职工作。"

……

不可思议的是我收到了回信！这出乎我的意料，令我大吃一惊。今后，我会把嘴上说的真正落实到行动上去，加倍努力工作。

"我真想让辞职的同事也有机会接受哲学教育"

——新崎悟（JAL 工程公司羽田机场维修中心，50 多岁）

2010 年 1 月 19 日，公司的破产之日。那天我作为航运管理最高负责人，负责全公司国内外航运的总调度工作。

通常，每架正常飞行的航班由当班飞行员根据实际情况，自己判断并安排飞行。但如果全公司航运发生混乱时——如遇大雪、台风、火山喷发等大规模不可预见事态，每个航班不可能单独应对时，就需要全公司的统一安排。届时，由航运管理最高负责人代行公司最高权力者总经理的权限，进行统一调配。例如，让哪个航班晚点，哪个航班停飞等，虽然会给客人带来不便，但必须从全局考虑做出最恰当的决定。

我是在公司破产前三个月，即 2009 年 10 月当上航运管理最高负责人的。我作为维修技工被公司录用，在此之前一直从事维修工作，丝毫没有航运管理的专业知识。其实航运管理最高负责人也不是专业职位，只需要能从全公司的角度考虑问题做出判断即可。我能担任此职，只是因为我在公司工作时间较长并积累了丰富的经验。

从年底开始，公司内部就基本认定 1 月 19 日将是公司的破产日。虽然还没有正式宣布，但已经开始着手各种应急准备。我们得到国土交通省、外务省等相关人士的鼎立相助，公司各有关部门开展了对国外的交涉，希望通过提前做工作维持JAL 的正常运营。以前，曾有瑞士航空破产时，它的飞机在某国机场被扣押一个多月不能起飞的实例。虽然 JAL 的破产不可能坏到那种程度，但有可能遭遇拒绝提供燃油以及取消舱内盒饭便餐供应等事态。因为他们会认为破产企业没有现金流，付不起钱。为防止这类事件发生，我们事前进行了沟通。据公司内相关人士的可靠信息，航班可以正常运行。但现实中，到底能否正常运行，不到运行揭晓时谁也说不准。如果发生不测事件，首当其冲的是我们的部门。

那天，我们忙于与世界各地机场联系，与每一航班都通话："你们加上油了吗？""加上了。"听到已经做好出发准备后我们才放下悬着的心，再联系下一个航班，这样的工作从早晨8 点一直持续到 17 点，幸好所有的航班都安然无恙。

1 月 19 日，尽管公司破产的事实让全日本感到震惊，但我却无暇顾及，是在忙碌中度过这一天的。

我从中学开始就梦想当一名飞机维修技师，因为我特爱摆弄机器，喜欢飞机。我出生在冲绳县嘉手纳美军基地附近，在那里我每天都能看到飞机的起飞降落，这或许就是我喜欢飞机的缘故吧。另外，我有强烈的想去国外看看的想法，能把这两个梦想结合到一起的就是 JAL 维修技师的工作了。当时，JAL

不从普通高中录取员工，我就上了工业高中，后来我幸运地被
JAL 录取为维修技师。进入公司，我先在维修训练中心接受了
半年的基础培训，之后就一直从事维修工作。先后考取一等航
空维修技师以及公司内部维修技师的资格，曾两次常驻美国。
是 JAL 让我实现了童年的梦想。所以，破产后公司询问我是
否愿意退职时，我选择留在 JAL。既然公司有了再生的机会，
我岂能弃之不顾呢？我能离开这家对我有三十多年恩惠的公
司吗？我反复扪心自问。最终，我做出的结论是，留下来为
公司复兴尽微薄之力。

　　另外，前辈和同事以自愿退职的形式陆续离开了公司，周
围再也没有比我年龄大的同事，这时我才真正感到公司破产的
现实。在辞职而去的人当中，很多人是抱着为公司削减成本，
自愿辞职的，当然也有人是担心公司二次破产，想尽早跳出泥
沼。但不管是谁，在送别会上，许多人都说："希望公司能在
你们的手上重获新生!"他们把希望寄托给了我们，留下了他
们恋恋不舍的情怀。

　　在送别会上，我们要顾及旁边的客人，不能大声喧哗，更
不愿意说出 JAL 这个名字以及使用破产这个词汇。前辈和同
事们离开自己辛苦工作多年的公司时还遭受如此待遇，真让我
羞愧难言。

　　虽然是自己决定留守公司的，但工资被削减还是让我感到
一丝不安。工资减少了十余万日元，我的生活自然与以前大不

相同了。首先减少了外出就餐，减少了零花钱……但主要的问题还是在如何偿还住房贷款上。我的银行还贷靠的是奖金，长时间拿不到奖金，存款很快就见了底。那时，我有两年多没拿到奖金，如果连续三年拿不到的话，也许我真的就扛不住了。更糟糕的是，我们还看不到尽头。

但妻子给了我信心。破产前后，在包括工资待遇以及今后打算等问题上，我多次与妻子商量，每次性格开朗的妻子都给我很大鼓励，让我感到"船到桥头自然直"。心想存款见底就见底，没什么好怕的。正是这种乐观让我们渡过了难关。

JAL 的改革首先从降低成本开始。

破产前的 JAL 并不是没有成本控制的意识。我在维修车间工作时，感觉到我们在削减成本方面已经做得很不错，就像一块拧得干干的抹布，没有再拧下去的必要。以前，公司也曾有过经营状况不佳的时候，但我从没想过会破产。七年前，我转到场站企划室，这个企划部门能得到公司的详细数据，从那时起，我就知道 JAL 的经营状况已经很糟，特别是在破产前一个月，已经到了崩溃的边缘。为此，我们曾向基层单位提出压缩经费的方案，要求他们采取相应对策，但因为基层单位不了解公司的真实情况，致使我们之间产生了分歧，引起他们诸多反感。由此可见，在 JAL 基层单位中公司不会破产的意识还是普遍存在的。这也是我们提出任何控制成本的方案，他们都会反对，认为根本无须那样做的原因吧。

　　尽可能削减经费，避免公司破产的最坏情况发生，我所在的企划部门这种想法越强烈，我们与基层单位之间认识的差距就越大，这使我们处于进退两难的境地。比如说，我们的零配件库存量就比别家公司大，甚至价值几千万日元的飞机用计算机堆放在库房，几年都没动过。我们也曾想过，这样做不合适，但只要一被说到这是为应急而备用的，也就无话可说了。

　　经历过破产，通过稻盛会长的改革，我们彻底提高了成本意识，制定了严格的库房管理制度，不再库存多余的零配件。当然，我们对安全管理的成本没有降低，但取消了与安全无关商品的压库现象。从以前全部自备库存的方式转变为丰田式看板管理模式，即在需要时按照需要的量，向有库存的企业订购，这样极大地压缩了成本。

　　稻盛真能改变 JAL 吗？开始时，我曾怀疑过。1985 年发生了 JAL123 航班坠机事件。随后，秉承时任首相中曾根康弘的旨意，为彻底改变 JAL，公司从外部聘请了嘉娜宝公司的伊藤淳二。那时，我把稻盛完全看成是下一个伊藤式的人物。伊藤本人希望能给 JAL 带来一些改变，但他的想法无法传达到基层单位，最终遗憾的是什么也没能改变。他们有什么不同？我想，稻盛最终的结局与伊藤是殊途同归吧？

　　但稻盛真的不一样。决定性的差别在于他们谁拥有让全体员工共享的经营哲学。伊藤没有那种自上而下能顺利贯彻到基层单位的一系列经营哲学。稻盛的经营哲学通俗易懂，能够直接贯彻到基层单位。在稻盛的经营哲学推广前，虽然每一位员工都很优秀，但他们的方向不统一，部门间的配合也不协调，没有一个大家认同的关键词。其实，这个关键词就是 JAL 哲学，它把大家统一到同一方向。比如说，"拥有美丽的心灵"，看上去是老生常谈，但就是以它为基准，大家统一了前进的方向。

破产前，我曾读过稻盛的几本书。那时，我只是觉得他就会说大话好话。我身上发生变化是在基层开展 JAL 哲学教育后开始的。JAL 哲学教育在整个公司声势浩荡地推广以后，我与同事们每天都坚持在工作岗位上使用 JAL 哲学中的语言，于是这些过去曾经极为普通的语言竟然自然而然地渗透到了心里。这再次让我们认识到，那些本应该做到的事我们是如何没有做到的，也因此才有了今天的破产。从某种意义上来说，这也许就是冥冥之中宗教的因果报应吧。

我觉得能留在公司真的很幸运，这是因为我能在这里接受 JAL 哲学教育。我感到，改变并不局限在公司职员的范畴内，每一个人都能改变。所以我经常想，如果能让辞职的前辈和同事早点接受 JAL 哲学教育，我们共同把它付诸实践的话，公司根本不至于走上破产，也许会有个完全不一样的今天。真是太可惜了！我真想让他们也有机会接受这种教育。

现在，JAL 的机务、飞行、客服和旅客接待等部门之间的配合越来越协调，起核心作用的就是 JAL 哲学。大家使用共同的关键词、共同的语言,统一了前进方向,获得的成果更是在数据上充分显现出来。我相信,只要坚持不懈,我们会有一个光明的未来。

我原本是个航空少年,破产前我在公司里的工作也很快乐。但除了快乐以外,我的内心也有过矛盾与纠结,比如,我也曾为贵重的零配件闲置而痛心。正因为我爱这个公司,我才会为破产前我没能为它做些什么而感到内疚。现在不同了,我可以提出种种新的建议,积极努力工作,从变革中感受着前所未有的快乐与充实。

1985 年 7 月,我参与了机体登录号码为 JA8119 的客机的定期检查,还担任了机体后部右侧机门 R5 门的安装工作。一个月后的 8 月 12 日,JA8119 客机作为 JAL123 航班,从羽田飞赴大阪,途中坠落。当我听到 JAL123 航班坠落的消息以及后续报道时,我不由得惊呆了。报道说:"R5 门飞出撞上尾翼,导致飞机坠落。"后来查明原因,可能是由于压力墙壁破损导致飞机坠落。但不管怎么说,作为参与维修那架飞机工作的一员,我永远怀有赎罪的心理。

"承担肩负宝贵生命的工作",JAL 哲学中的这句话,我将永远铭记在心。

意识改革的核心 /JAL 哲学的 "机密"

"言无禁忌，即便是公司的负面新闻，你们想说什么都行。"负责安排采访任务的 JAL 广宣部门具体负责人向员工说明采访宗旨后，每次都附加上这句话。所有采访都从这里开始。这在以前那个被称为官僚气十足的 JAL 是不可想象的。在被采访的 15 人中，只有 1 人希望在出版时用匿名。事情虽然不大，但从这细微之处完全可以感受到 JAL 的变化。

"你的工资被削减三成，待遇很苛刻，而工作量比破产前又增加不少，说实话你不感到失望吗？"每次采访中，我肯定会问他们这个问题，而得到的回答也大体相同。

"是我们给包括股东在内的许多人添了麻烦，真的很抱歉！尽管如此，我们还能与破产前一样继续飞行，已经十分满足，不敢再奢望其他了。如果我还感到失望的话，简直天理不容。今后，我会更加努力工作，争取早日回馈社会。"

看得出来，他们对破产的体会很深。也许正是因为有了这切身体验，他们才更加渴望改变。他们尝试过改变，希望过变革，但刚破产时他们不知道如何去改变，不知道怎么做会更好。

是稻盛在这块土地上，播下了意识改革的种子。种子的发芽方式各式各样，有依靠哲学教育改变的人，也有经历东日本大地震后改变的人。但有一点是所有的人都认同的，就是由于把 JAL 哲学真正融入到了日常工作之中，它的内容才为大家消化和吸收。哲学是最基本的道德观，它指明了做人的正确生活态度以及对待工作的正确姿态。但如果我们只是嘴上说"我懂了""我知道了"，那么现实中什么也不会改变，也不可能有变化。在开展 JAL 哲学教育前，几乎每个人都说："我懂了。"有的人甚至持否定意见，讽刺 JAL 哲学只不过是一些漂亮辞藻的罗列。

真正的变化是从付诸实践后开始的。现在，JAL 员工已经把哲学活学活用到日常的工作中。比如说，怎么评价属下。以前评价的标准很模糊，全靠上司个人的喜好判断。对此，被评价方的属下很难接受，而评价方的上司也感到很难办。现在，只要按照哲学的标准评价就行，结果合理公正，上司也不再感到困惑。

负责机场旅客接待工作的长岛道子（JAL 蓝天公司羽田机场事业所国际部）也不再为此感到困惑了。"在与顾客接触中，我们个人是非常愿意满足客人要求的。但从公司的角度而言满足到何种程度，这在以前我们并不清楚。"

以前，JAL 是典型的规范至上主义，超越规范的行为会受到批评。原因是公司担心做出超越规范的服务，会对其他顾客产生不公平。所以，遵守公司规范是工作的大前提，只要做到让绝大多数顾客满意就行。

现在，这种方式被彻底改变。"首先，我们仍然可以执行公司制定的最低限度保障安全的规范，但当我对超出限度后应该优先做什么感到困惑时，JAL 哲学就成为我的坚强后盾。它明确指出，为顾客提供满足其不同需求的服务，是每一位员工的应尽之义。这样在我确认这样做没有问题之后，我就可以放心大胆地采取相应对策。现在，当我感到困惑时，判断的标准不再是规范，而是 JAL 哲学。"

自从 JAL 哲学成为公司内部的共同语言后，各部门之间的相互了解和协调更加通畅了。JAL 哲学不仅总结了做人的道理，更重要的是它已经成为了 JAL 员工的行为规范。正如稻盛在"JAL 哲学手册"中写的那样，"JAL 哲学只有落实在行动上，才有价值"。

实际上，JAL 哲学的 40 项条款已经发布在公司网页上，但"JAL 哲学手册"里的内容却属公司机密，尚未公开，笔者也无缘得见。据说，手册里对应着每一条款，都详细记述了如何落实到行动上的提示以及具体的实例。因为只有落实到行动上的哲学，才算是真正的 JAL 哲学，所以上述内容实属核心机密，至今尚未对外公开发表。

尽管如此，每个人参与意识改革的程度都深浅不一。在公司破产前，已经有部分人对 JAL 的企业体制持批评态度，他们早早高举双手，接受了稻盛的哲学。"我早就希望改善公司的风气，因此对稻盛的改革我是举双手赞成。"说这话的是上之园宣文（顾客战略部顾客支援室）。

"年轻时，我曾在总务部工作。当时我团结几个志趣相投的同事创建了一个'舒畅会'。比如，那时在公司里打电话，有些人拨通后先不报自己的名字，张口就问：'那谁谁在吗？'我们想改变这种陋习，就在各部门的每台电话机上都贴上'打电话，先报名'的贴纸，起到了一定的作用。但对此也有批评的声音，说什么贴纸掉后或摩擦后弄脏了电话机等。但是现在，我觉得 JAL 越来越接近我理想的公司了，公司内的横向联系通畅，内部风气也越来越好。虽然还说不上完美，但毫无疑问是在向好的方向发展。"

当然，也有部分人从一开始就摆出一副不屑一顾的样子，觉得这是"愚蠢的成人游戏"。改革这部分人的意识花费了一定时间。即便到了今天，每个人接受 JAL 哲学的方式与程度都是千差万别。但我可以保证，我所采访到的所有员工，他们尽管接受 JAL 哲学的深浅不同，但是都接受了稻盛的意识改革。即便是我在第三章中提到的那些通告要举行罢工的乘务工会会员，他们个人还是从心底感谢稻盛的。因此完全可以说，3.2 万名员工基本上都与稻盛保持了一致。

也有人把稻盛的哲学比喻为宗教，他们说 JAL 的员工全都被稻盛洗脑了。这是真的吗？在采访中，每当我问到这个问题时，受访者的回答基本上一致："是啊，看上去像宗教。开始时，我也曾这样认为过……"

对此他们都一笑了之。稻盛的哲学是否具有宗教性质，在这里姑且不论，我觉得值得注意的是每个人都接受了意识改革这个事实以及稻盛式的意识改革所具有的普遍性。

另一个值得注意的是，所有成功地进行了意识改革的人，他们在落实 JAL 哲学的过程中，改变了对工作的态度，他们感到"工作更加充实，越干越觉得有意义了"。换句话说，他们向世间证明，他们从工作中感受到了快乐！

第六章 "让工作快乐起来！"

——稻盛和夫的一问一答

　　没工作、工作无聊、有工作也看不到未来。现在，许多日本企业的员工对工作都不满意，他们不知道如何面对工作。在本书的第一章中，稻盛这样教诲道："只要改变意识，工作就能快乐起来。反之，如果要让工作快乐起来，就必须改变意识。"

　　在 JAL，员工身处不同工作岗位，各自肩负着不同人生，面对公司的破产，他们毅然决然地改变了思想意识，积极向前看，快乐地工作着。掀起这场剧变的正是稻盛和夫。所以，让我想在本书的最后聆听稻盛本人的心声。

　　意识改革只能在破产的 JAL 公司才能做到吗？一般的小中企业能做到吗？怎样才能真正做到积极向前看，让工作快乐起来呢？面对这些问题，稻盛和夫是怎么回答的呢？

越是知识精英则越轻视道德

——JAL复兴的关键是依靠哲学进行了意识改革。但最初，许多员工把JAL哲学当成小学生的道德教科书，很有抵触。对这样的员工，您是如何做工作的呢？

稻盛：的确，有许多员工是持怀疑态度的。"我们为什么要学这个？""哲学与公司经营有什么关系？""仅靠道德能把公司经营好吗？"

越是公司的知识精英、越是自命聪明的人就越看不起这老式的道德观。

但人要生存下去就必须做出正确的事情，更何况经营如此庞大的公司。所以人必须要正确地判断事物，而判断事物的标准就是哲学。

或许人们都会这么想，你在哲学里写的事，我在童年时代就听说过，不用你告诉我也知道。但我要问你，你掌握它了吗？运用到你的日常行动中去了吗？如果不是这样，就算你知道又有什么用呢？最多也只是被问及时回答说我知道罢了。

"我们不仅仅要知道哲学，还要掌握它的价值观和判断标准，并以此规范我们日常的行为。"在我上任之初，尽管员工们的反应还不积极，但我还是拼命地反复宣讲。

——在对您的意识改革持怀疑态度的员工里，是否有唱反调或反对的人？

稻盛：我不记得有当面反对的人，但从某些人的脸上能看出他们是口服心不服。还有几个人觉得对航空业一无所知却说三道四，很瞧不起我。对他们，我反复劝他们正视公司破产的现实。

改变的分水岭是在我上任四个月后的第十次领导教育会上。在那之前，每届会上我都喋喋不休地讲述我的哲学。那天，一名干部突然发言说道："说实在的，我一直认为稻盛会长是在强行向我灌输他的道德观，十分反感。但是越是听您讲课，我越是觉得您说的也有道理。那些在童年时代从父母和老师那听到的最普通的道理，我既不理解也没有掌握，更谈不上落实。的确是这样。我现在应深刻反思自己。今后，我想把这个哲学当作自己的人生指南，回到工作岗位后我会立刻召集自己的下属，把您讲的话讲给他们听。"

这位干部的发言反响巨大，推动了代表 JAL 公司的官僚层的意识改革。

——3.2 万名员工通过哲学全部进行了意识改革，这简直太神奇了。为什么全体员工都接受了 JAL 哲学呢？

　　稻盛：员工能理解和领会并愿意落实哲学，很大原因取决于 JAL 破产的现实。我刚到 JAL 时，员工对公司破产的意识还很淡薄。所以，我首先向他们拼命诉说破产的现实。"公司破产，你们只是降低了工资，但原本你们是应该去职业介绍所找工作的，你们明白吗？"我意识到只有全体员工共享哲学这个古老的道德观，勤勉工作，才是 JAL 唯一的复兴之路。我对他们说："如果你们不相信哲学能让公司重生，那等待我们的就是第二次破产。"

　　破产时的凄凉心情、身处死亡之渊的透身寒意，从这些记忆中苏醒过来的员工们为了能爬出万丈深渊，只能顺着哲学这根藤萝向上爬，他们把自己唯一的一丝希望都寄托于此了。

　　另外，一位 80 岁的耄耋老人来到毫不相干的公司，不拿一分钱，拼命参与重建——这种惊天动地的气魄也感染了他们，这是让他们接受哲学的原因之一吧！

　　——工资被减三成，没有奖金。尽管有不少人觉得"公司倒闭了，能有一份工作就不错"，但是毕竟严峻的工作环境很难激发出员工的工作热情。那么，为什么 JAL 的员工比破产前更愿意努力工作呢？

　　稻盛：包括工资在内，大家的工作条件的确变得十分恶劣。一般来说，员工工作的热情会衰减。物理上应该是这样。

但是人们工作的目的并不仅仅是为了钱。

我逢人就讲，我们全公司 3.2 万名员工如果不进行意识改革，不同心同德努力工作，就不可能实现 JAL 的重建。

从员工的角度看，他会觉得重建公司需要自己，自己是值得公司信赖的人。以我们家庭生活为例，丈夫感到家庭的需要时，就会想："我应该努力才行。"妻子感到被需要时，也同样会感到责任。夫妻双方共同感到被需要时，就会相互鼓励共同奋斗，这样就能激发出意想不到的力量。就算物质条件并不优越，他们也会努力去做。

JAL 的物质条件的确不好，但我让每一位员工都实际感受到自己是被需要的，这就改变了他们的意识，激发了他们为达到重建的目的时刻积极努力工作的斗志。

为社会为人类，目的明确有干劲

——稻盛本人在 JAL 是否快乐地工作？

稻盛：我上任之时，人们还在预计 JAL 将第二次破产。他们认为即使免除贷款、注入国家资金，像 JAL 这种从未切实执行过经营计划的公司，无论做何种努力也不可能避免再次破产的命运。许多报纸杂志还评论说稻盛将晚节不保。

我接受 JAL 会长，完全是从为了社会和公众这个单纯的目的出发的。保住 3.2 万名员工的工作岗位，防止因二次破产而给低迷的日本经济带去重创，重建 JAL 公司，这是我的使命。因此，我强烈地意识到，为了社会和公众的利益我必须付出巨大的努力。

我和老伴两人住在京都，开始时我打算每周去东京工作三天。结果三天变成四天，有时是五天，甚至要工作满一周。在东京我住酒店，白天经常与大家讨论问题，举办哲学学习会，很晚才能回酒店休息。这时酒店餐厅已关闭，所以只好到便利店买两个饭团带回房间，吃了再睡。这种生活日复一日。

我让各工作单位都在墙上张贴中村天风（思想家、实业家1876—1968）的语录。

"新计划之成就全在于不屈不挠之决心。抛弃幻想，高昂斗志、强劲有力、专心致志！"

想要完成重建这个新计划，无论遇到什么困难也不能放弃努力，要有不屈不挠的精神。人的思想能成就大事，但这种思想里不应存有邪念，必须拥有为社会和人类奉献这种崇高的信念和高昂斗志、强劲有力、专心致志的精神。

我向员工宣讲的同时，自己也身体力行。于是，JAL 员工接受了我的想法，大家开始为重建而努力。这是我来 JAL 后最高兴的事情，我的工作也越干越有劲。正如天风所预言的那样，最终重建这个伟大的新计划变成了现实。

在公司再次上市后，回顾过去，我觉得这一切成就都是因为落实了天风先生的话所取得的，但又觉得还有其他原因。我觉得，除了我们不屈不挠的决心和高昂斗志、强劲有力、专心致志的信念之外，一股人所未知的力量帮助了我。我对航空业毫无经验和专业知识，不可能如此顺利的，这一切靠我个人的力量是决不能完成的。也许是为社会和人类这种高尚纯粹的愿望以及不顾高龄豁出性命的精神感动了自然或上苍，令我获得了命运的眷顾吧。

——稻盛先生您今年 81 岁。从事经营工作长达 50 余年，现在仍在努力地工作着。您为什么能一直工作到现在呢？

稻盛：当你有了为社会和人类奉献这个目的后，即使上了年纪也能依旧激发出自己的热情。正因为有了重建 JAL 这个目标，我才能一直努力到今天。

现在，我在京都经营着一家儿童设施——京都大和之家，专门为受虐待儿童提供保护，还经营着稻盛财团，为国内外有特殊贡献的优秀人士颁发"京都奖"，进行表彰。这些也是我基于为社会为人类的目的而做出的努力。

还好我现在身体健康，没有什么毛病。来 JAL 后没打过高尔夫，虽然我知道需要运动，但现在什么也没做。我不吃药，也没吃什么健康食品，能够保持健康是因为我有为社会和人类奋斗的崇高目标。

另外，我的心里完全没有不满、牢骚、隔阂、欲望、野心等，每天都在感激中度过，我想这就是我的健康秘诀。反过来说，如果失去了目标和想法，我就会变成游手好闲、无所事事的人。

从东京回到京都，累得我什么也不想做。早晨起床后一直坐在客厅，看看报纸、读读小说、观看电视，成为家里无用的大物件。我真感谢我老伴，她能照顾我这无所事事的老头子。我的腰和腿真的老了，我想有必要走动走动，但没有目的就不愿意动。休息时，我会从家步行 15 分钟左右，到伏见的大手筋商店街去购物。虽然我一个人也能去，但还是强拉着老伴一起走，完全成为一个越老越离不开老婆的老男人（笑）。在伏见商店街中心有一家老字号煎菜饼烧烤屋，中午在那里吃上一顿 530 日元的猪肉鸡蛋煎菜饼。

只要努力工作就一定会换来美好未来

——由于破产，JAL 不得不接受哲学，因而戏剧性地获得了意识改革的成功，如果是经营顺利或不顺利但并没破产的企业，如何进行意识改革呢？稻盛先生将如何向他们传授意识改革的重要性呢？

稻盛：正如你们所见，通过意识改革后的 JAL 是如何发生变化的。如果一家经营健全的企业也能够认识到意识改革的重要性，并去努力实施意识改革的话，那么它将成长为更好的企业。但经营健全的企业，特别是大企业，从高管到中层拥有大批头脑聪明的知识精英，如果把哲学拿给他们看，他们也许会说为什么我们要学这种基本的东西呢？如果公司利润十分丰厚，不少人就会觉得根本没有必要进行改革。所以，要向那些经营健全的企业传授意识改革的重要性，要得到他们的理解绝非易事。

实际上，我作为临济宗妙心派的和尚，65 岁时剃度，曾身披袈裟，头戴斗笠，手捧托钵外出化缘，到处讲经说法。向关心度较低的人群传授意识改革的重要性如同讲经说法一般，即便听者反应不好，也必须反复耐心地说教。几次十几次喋喋不休地说教，让他们感到那个人的说教是真心诚意希望我们公司好，直到他们听进去为止。另外，如果想改变大企业，就必须让大企业的所有高管们都从心底里感到"我们需要的就是这个"，心服口服地共同接受经营哲学，否则很难实施。

——现在感到工作无乐趣的人应该怎样面对工作呢？

稻盛：人不是凭借自己的意志生下的。生他的家庭有贫穷的也有富裕的，他别无选择，都要生活在那里。即如果你要活下去，就必须沿着上苍赋予你自己的命运之路走下去。

沿着这条命运大道行走时，我们将会遭遇就业难、找不到工作、找到的工作不理想，或被安排到自己不喜欢的部门工作等，遇到许多难以预料的局面。有时也许会幸运，但遭遇磨炼和身处险境时，我们不应该哀叹、悲伤和发牢骚，应该把这些考验看成是上苍和大自然赋予自己的机遇。

也许有人会抱怨为什么总是我倒霉，为什么别人的工作早已都定下来，唯有我还找不到工作。我觉得，越是在此时越不能逃避，应该正面迎接考验。你要相信，在大风大浪的命运长河中遭受的磨炼是老天爷助你成长赐予你的良机。即便你没找到理想的工作，也要努力去生存，因为在接受考验时，我们选择的生存方式将决定我们未来的一生。因此，只要我们努力工作，必将换来美好的未来。如果满口牢骚，逃避现实，人生将向更坏的方向发展。无论谁航行在惊涛骇浪的命运长河中，都会经历各种不同的考验，不仅仅是你一个人如此。

JAL 员工也同样，在遭遇破产的考验时，他们改变了自己的意识，努力去工作，结果就造就了今天的 JAL。我也一样，离开大学时没找到理想的工作，只能就职于连工资都不能按时发放的破公司。如果那时我只会发牢骚，逃避考验，今天还不知道在哪里干什么。说真的，命运的改变就在那一念之间。所以，你必须珍惜和全身心投入眼前的工作。为此，要大胆思维，勇于创新，无论工作多么艰辛也不能埋怨和发牢骚，要积极面向未来，更要"快乐地工作"。

末章　为更好的人生而工作

2012 年 9 月 19 日的东京股票交易所。稻盛站在 VIP 露台，手拿木槌用力地敲响了金钟。周围亮起了一片炫目的闪光灯，交易所相关人员响起了雷鸣般掌声。稻盛向金钟鞠躬致意后，略带羞涩并稳重的笑容回到座位。从申请《公司再生法》到今天仅仅过去两年零八个月，JAL 再次实现了上市，在此举办了惯例的敲钟仪式。

稻盛 27 岁创建京瓷公司，52 岁设立第二电电公司（现 KDDI），这次是他第三次参加敲钟仪式。但这次与以往不同，想到破产给股东带来的巨大经济损失以及被再生计划裁减的 1.6 万多名员工，此时的他心情根本无法开朗起来。

"在 JAL 重建中，企业再生援助机构投入了 3500 亿日元的公有资金，我希望能尽快提高公司业绩，让股本市场尽快接受公司的股票，多筹措资金尽早偿还这 3500 亿日元。这才是我最大的目标，今天只是 JAL 新生的一个重要里程碑。"这是稻盛的心里话。半年后的 2013 年 3 月末，稻盛辞去了 JAL 董事的职位。在完成了公司股票市场再上市，确定了未来的前进方向后，他干干脆脆地松开了搀扶的手。

虽然 JAL 完成了再上市的创举，但这只不过是重新站到再起跑的线上。今后，削减经费的成效会越来越小，与以 JCC（廉价航空公司）为代表的外国航空公司之间的全球性竞争会愈演愈烈。航空业还饱受着天灾、恐怖袭击等的威胁，这种经营风险是航空业界无法逃避的宿命。另外，考虑到政治上的压力，今后还要恢复某些亏损的航线。围绕 JAL 的经营环境只会越来越严峻。面临如此多的困难，JAL 员工还能积极向前看，快乐地工作吗？稻盛留给 JAL 的意识改革是否货真价实，我们将拭目以待。

稻盛在 3 月 19 日的董事离职记者会上说道："业绩的恢复是靠每位员工希望重振自己公司的那股热情和努力换来的，我只是从侧面支持了一下。"他赞许了 JAL 的员工，同时也给有可能翘尾巴、让意识改革稍事休息的现象敲响了警钟，他说："今天的好环境是过去忘我工作的结果，未来的成果要靠今天的努力才能换来。"

在采访稻盛时我强烈地感到，我们拭目以待的不仅仅是 JAL 员工今后的表现。在 JAL 总公司 24 楼的接待室，稻盛端坐在我面前，好像在佛前一样双手合掌在胸前，滔滔不绝地宣讲着自己的哲学。我与他初次见面，年龄与他儿子相仿，但我一开口就对他的哲学毫不客气地批评道："我觉得你的哲学好像是小学生的道德观。"听完我的话，他仍面无愠色，继续认真谦恭地向我讲述人必须正确活着的意义和快乐工作的意义。他安稳地坐在那里，娓娓道来，和善包容的目光始终没有从我身上移开片刻，也没有伸手去触碰过摆放在桌子上的大麦凉茶。我感到了被采访者是多么渴望通过采访把自己的思想更广泛地传播出去的欲望。说真的，我从来没经历过这样的记者采访。

稻盛通过 JAL 的重获新生，为这个时代留下了一笔宝贵的精神财富，对此日本人将如何去领会和消化它，这才是真正需要我们拭目以待的。

工作究竟是什么？对此有各种各样的"解"，稻盛的工作观只不过是众多"解"中的一个。虽然只是其中之一，但却很有说服力。乍看是很古老的价值观，但句句动人心弦。这是因为稻盛用"幸福"这把尺子直接衡量了工作。"公司的存在是为了员工。员工必须为公司努力工作。"稻盛的观点与把员工看成可以代替的棋子的黑心企业（或许现在许多企业）截然不同。在此，我们可以清楚地判断出公司与员工的关系，哪一方更幸福。

"为了生存和提高人性，就必须努力工作。""努力去喜欢工作，这本身就是创新。"在稻盛的工作观里，工作直接连着幸福，这是对工作的所谓性善说。

另外，工作还有赚钱的另一个侧面。但如果目光只聚焦在赚钱上，认为幸福能够用金钱买到，那工作就只能沦为一种艰苦的修行，堕落成获取金钱的手段，这就是所谓的性恶说。按性恶说的解释，结论只能有一个，即工作越轻松越好。

但是，"由于工作占据了人生的绝大部分，所以无论工作多么艰辛，我们都要积极面对，也就是说，我们一定要让工作快乐起来！"

人生并不是只有工作，这种想法固然不错，但无论从时间上还是从物理的角度上看，工作在人生中所占的比重很大。

稻盛在回顾 JAL 重建过程时说："在人生的最后时刻，我能参与这项工作，真的感到非常幸福。"这是什么样的幸福呢？是年过八旬的老人住在不方便的酒店，晚饭吃着在便利店买来的饭团，投入无报酬工作的幸福。在采访的最后时刻，他微笑着说："因为我就是个爱干事的人……"这是即便在严酷的工作中也能找到快乐的人才可能说出的一句话，也是他深感自豪的一句话吧！

不要轻松的工作，要快乐地工作。

只有工作快乐，人生才能更快乐。

| 结束语

刚开始采访时，我对稻盛的哲学是持怀疑态度的。我明白他说的都是绝对正确的大道理，但我还是觉得太说教、太有宗教味道了——尽管有不少奋战在商战第一线的大佬们信奉它。我抱着与稻盛刚到 JAL 时一部分高管所持的口是心非的同样想法，装模作样地开始了采访。

但是，当我亲耳听到许多员工的现身说法，在采访哲学教育现场和机场服务大赛期间，亲眼看到快乐工作中的 JAL 员工的精神面貌，我的看法发生了激变。也不知从什么时候起，我开始扪心自问：

"我是在努力地工作吗？"

"我现在工作快乐吗？"

我希望通过这本书，咀嚼出稻盛的工作观和他的哲学的精髓。

稻盛用自己花费半个世纪培育的工作观和哲学使 JAL 重获新生，为他作为企业家的最后一项大事业画上了圆满的句号。它的意义不仅局限在使某一企业复兴，也给已经失去 20 年光阴但依旧萎靡不振的日本以及许多正在摸索如何面对工作的职场人士一个启示。这就是我结束采访和完成写作后的最深刻体会。

最后，我向以稻盛为首，协助采访的 JAL 员工以及相关公司的员工，深表谢意。借此机会，一并向为我抽出宝贵时间接受了我的采访，但最终由于纸面所限而无法刊登的诸位人士，深表歉意。另外，我不知道该用什么话语感谢负责我采访的 JAL 广宣部的门间铁也先生和本多涉先生。特别是本多先生在与我相处的一年多时间里，对我的无理要求，从没露出一丝不满，积极配合了我的工作，他是我身边最近的稻盛式改革的具体体现者。

"要写本能激发年轻人斗志的好书。"这是稻盛本人留给我的赠言。如果本书能激发出更多人对工作的激情，我将感到万分荣幸。

参考文献

《干法》稻盛和夫著 三笠书房

《活法》稻盛和夫著 SUNMARK 出版

《阿米巴经营》稻盛和夫著 日经商务人文库

《稻盛和夫的实学》稻盛和夫著 日经商务人文库

《稻盛和夫：什么是经营者？》日经领袖编 日经 BP 社

《折断的翅膀 JAL 破产》大鹿靖晴著 朝日新闻出版

《航空的败仗》杉浦一机著 中公新书

《廉价航空公司改变日本的天空》赤井邦彦著 日本经济新闻出版社

｜译后记

在日本，提起面向企业经营者和社会精英的私塾，人们马上就会想到两个：松下幸之助创办的松下政经塾和稻盛和夫创办的盛和塾。

松下政经塾即为有日本经营之神美誉的松下电器创始人松下幸之助斥资 70 亿日元、于 1979 年创设的学校。迄今为止，已培养了 200 多名塾生，其中有近百人踏入日本政界，其他的大都已成当今日本商界的精英。1992 年至 1993 年，我曾有幸作为第 12 期特别塾生在日本松下政经塾学习过一年。我的同班塾生 8 人（是所有 30 多期中人数最少的一期）中，现有 2 名国会议员，4 名地方政府官员和 1 名松下政经塾高管。

我入塾时，松下幸之助先生已经过世，没能亲耳聆听他的教诲，但我们在公时或私时，学得最多的就是松下先生的思想和著作。因此，我把松下先生奉为导师，自诩为他的学生也不为过。

在翻译锅田吉郎著的《稻盛和夫：让工作快乐起来！》一书时，我自觉不自觉地把稻盛拿来与松下对比，书中我依稀看到了松下幸之助先生的身影，也或多或少能看到稻盛师从松下的痕迹。其实，在日本的"四大经营之圣"（松下公司的松下幸之助、索尼公司的盛田昭夫、本田公司的本田宗一郎、京瓷公司的稻盛和夫）中，稻盛最年轻，他完全有机会望着松下先生的背影走出自己的道路。

松下幸之助一生经商70多个年头，经历众多坎坷周折，但他终于坚持到最后，实现了自己"经世济民"的理想。他抱着崇高理想，对于任何困难险阻都能泰然处之，并以积极坚强的忍耐力，加以克服解决。在艰难困苦中，他选择了一个正确的事业，并以顽强的信念坚持到最后。他从小定下志向，铭记父亲留给他的"一定要出人头地！""要坚韧不拔！"的教诲，这成了松下先生一生最为宝贵的财富。吃苦耐劳又聪颖好学，年轻的松下在22岁时就做了电气公司的检查员，但就在他事业处于巅峰时，他毅然辞去了这份美差并自立门户。一切决定看似突然，实则完全与他从小的志向吻合，此时的他既完成了技能和经验的原始积累，又准确地把握了时机。

松下先生的名言看似非常普通，但仔细回味起来意味深长。我喜欢他的这句朴实的言语："如果一个人做事能忍耐到底，即使原来的计划不成，周围的情势改变，也会出现另外一条活路，也许和最初的计划相差很多，但仍然可以达到成功的目的。"究其一生，正因为他就是一位不达目的誓不罢休、热爱和喜欢工作的人，才能达到日后那种崇高的境界，成为一代伟人。其实，稻盛也有同样朴实的名言："……如果你要活下去，就必须沿着上苍赋予你自己的命运之路走下去。沿着这条命运大道行走时，我们将会遭遇就业难、找不到工作、找到的工作不理想，或被安排到自己不喜欢的部门工作等，遇到许多难以预料的局面。有时也许会幸运，但遭遇磨炼和身处险境时，我们不应该哀叹、悲伤和发牢骚，而更应该把这些考验看成是上苍和大自然赋予自己的机遇。"松下先生与稻盛何等相似，朴实的言语已经达到了崇高的境界。

在锅田吉郎著的《稻盛和夫：让工作快乐起来！一》书中，我的确看到了稻盛与松下幸之助在经营管理方面有一脉相承的迹象。

在日本，家族经营模式的鼻祖是松下公司，也就是说它是由松下先生亲自创立的。书中这样写道："进入90年代，在世界全球化名义下，许多日本企业改变了以往温暖型的家族经营模式，引入了冰冷型的欧美经营模式，但稻盛依然坚持自己老旧温暖型家族经营模式。对此，稻盛这样讲过：'我们一起努力，一起幸福。如果能获得理想的成果，我们就共同分享劳动果实。这是我年轻时的梦想，我一直这样经营着公司。'……
日本企业最大的特征是终身雇佣制，员工对公司忠诚度较高，
这成为支撑战后日本经济高速发展的重要原因。但泡沫经济破
灭后，日本的家族经营模式体制迅速崩溃，僵硬化的论资排辈
制度、串谋和围标等负面新闻被大肆渲染，许多企业随风转舵
驶向欧美化，全球化变成正统思想。结果如何？正如稻盛所
言，它已把社会变得枯燥无味，连接员工与公司的只有金钱上
的合同关系。终身雇佣制消失。……今天，家族经营模式被重
新评估，原因就是对走过头的全球化的逆反。……稻盛即使在
创立家族经营模式鼻祖的松下公司裁员时代，也始终贯彻执行
家族经营模式，由他经营的京瓷公司和 KDDI 公司从没裁减
过人。"

在翻译本书和阅读稻盛和夫先生的著作当中，我觉得稻盛
和夫先生早年所经历的三次事件影响甚至造就了他的经营哲
学与人生观。第一次事件是在他 13 岁时患上了时为绝症的肺
结核。卧病在床的稻盛和夫得到隔壁阿姨赠送的一本哲学书
籍，哲学思考与佛教在年少的稻盛心里埋下了思想的种子。第
二次事件是大学毕业后就职的第一家公司。这是一家随时可能
倒闭、发不出工资的公司，但是稻盛和夫没有怨天尤人，而是
埋头于高性能陶瓷制品的研究开发。吃住都在公司里，艰苦异
常，但是随着研发的新成果不断涌现，工作越干越快乐，越干

越有劲。这个时期的成功体验铸就了稻盛和夫的工作观的雏形："只要努力工作，工作就会越干越快乐。"第三次事件是稻盛和夫创办京都陶瓷公司的第三年，11名刚进入公司才一年的员工集体提出提高工资待遇的要求。经过劳资双方三天三夜的谈判，稻盛和夫改变了自己对公司存在意义的看法。原本他是把京瓷公司当作实现自己技术梦想的手段，但此时，他发现还有比经营公司更重要的目的存在，那就是他要维护把一生托付给自己来公司工作的员工们。"我的目的不是为了提高股东的股价，而是为了谋求全体员工在物质和精神方面的双重幸福。"这就是稻盛和夫的经营观。

命运的坎坷和坚忍不拔的信念，奠定了稻盛日后的人生观的基础，人生历练使稻盛形成了与松下何等相似的人生观和经营哲学。

锅田吉郎的《稻盛和夫：让工作快乐起来！》一书，与以往稻盛的著作和有关稻盛的著书有所不同，它是从近十名日航公司员工口中和笔下以及稻盛的亲叙中，通过日航从破产走向新生，完整地勾画出稻盛的人生方程式，从不同的方面进一步证明了稻盛一生坚持的人生哲学和经营理念是放之四海而皆准的真理。"让工作快乐起来！"其实就是稻盛的哲学理念的精髓所在。

通过翻译本书，我现在已经从"重松下轻稻盛"转变成稻盛的真正粉丝和拥趸。而我也坚信如果读者有机会读完本书，那么你也会与我一样相信它的神奇，成为稻盛的真正拥趸。

稻盛的人生哲学到底是什么？他的人生秘诀又会给我们带来什么启示？稻盛从经营京瓷公司开始到经营第二电电公司的 50 多年时间里，经过无数次磨炼积攒下来的人生哲理最终成为"日航哲学"，它才是转变日航员工思想的金钥匙，最终成为日航获得新生的杀手锏。

我的体会是：

1. 只有努力喜欢工作，才能"让工作快乐起来"。要想让工作快乐起来，那就必须努力喜欢工作。我在当总经理期间，自以为为全体员工提供了宽松和谐的工作环境，员工就能努力地为公司工作。但实际上员工离职率一直很高，我那时觉得很不可思议。通过翻译《稻盛和夫：让工作快乐起来！》这本书我才真正找到问题的根源。我以为给员工提供好的环境，他们就能快乐工作的想法是不对的，我没能让员工喜欢眼前的工作，员工们也没有主动地去喜欢工作，所以他们不快乐，一旦遇到好的公司邀请，就会跳槽离去。

2. 人生的大部分消耗在工作上，因此必须积极地、快乐地面对它。稻盛认为，人的一生中，工作的占位十分重要。人要生存下去，工作必然会占据人生的绝大部分。我觉得现在日本的年轻人以及中国改革开放 30 年后的年轻人思想更欧美化，他们只希望能快乐地工作，不愿意为工作付出。一旦工作不快乐，他们容易产生烦恼和发牢骚。以前我们有句老的口号："艰苦奋斗，其乐无穷。"其实稻盛所提倡的也就是这种思想："为了能在严峻的社会中努力生存下去，即使我们对眼前的工作感到痛苦，也要相信这种痛苦不会长久。所以，即便我们现在从事的不是自己喜欢的工作，但考虑到既然大半个人生都要消耗在工作上，那还不如让自己努力去喜欢它，快乐地面对它。如果不这样做，就等于我们的人生失败了。"所以，我们现在必须正确引导年轻人去热爱工作，从工作中找到快乐。

3. 全身心投入工作后情绪就会高涨，随之好运也会到来。同时，工作还能提升人的素质。全身心投入工作后，人就没有时间发牢骚，如果你嘟嘟囔囔不停地发牢骚，根本就无法工作。北京"非典"后，因为行业（北京保龄球体育休闲行业）不景气，我的公司效益非常不好，有时甚至发不出工资。那时我几乎有放弃经营公司的想法。但想到公司近 50 多名员工的生计以及在我这里锻炼和娱乐的众多球友的利益，我摒弃了私心和杂念，不再抱怨周围的环境，全身心投入振兴公司工作中。开发新产品，扩大新客源，整顿环境，更新设备，在短短的数月内公司业绩步入正轨，做到了本行业北京的老大。当时工作的确很艰苦，前途也不明朗，但我努力去喜欢工作，快乐面对工作，拼命地去干工作，不仅在不知不觉中提升了人性，还出现了意料之外的好事，人生也有了好的转机。

4. 工作并不完全是为了赚钱。如果你拼命地工作，它会给你带来生活的喜悦和人生的价值，并能提升你的人性。随着现代化和全球化的风潮，改革开放后的中国企业的经营观更趋向欧美化。追求的是股本的增值化，引入欧美式的经营理念，以金钱奖金为诱饵开发人的积极性。企业与员工的关系就是金钱合同的契约。我不否认工作是为了赚钱，用金钱回报努力也不是百分之百错误的。但这种雇佣关系不能维持长久，如同杀鸡取卵。现在我们的企业就是缺少稻盛倡导的博爱精神，所以企业留不住员工，员工跳槽率高。因此，我们是否应该回头再看看松下和稻盛所倡导的"温情的家族经营模式"在中国是否还有市场？

5. 公司应该为员工着想，员工也必须为公司出力。改革开放后的中国企业的经营模式有了长足的发展，但与欧美和日本相比，还有很大差距。特别是在为员工提供良好的工作环境上差距最大，主要是在思想意识上不重视。一是不能像欧美那样为员工提供花园式的工作环境，另一个是不能为员工提供高质量的福利待遇。很多中小个体企业甚至不愿意为员工上全最基本的五险。我想每个企业的领导，特别是中小企业的领导如果有时间能读读以稻盛哲学为基础创建的"日航哲学"，也许对他们今后的经营能有所帮助。稻盛在文中多次提到："公司的根本在于使员工幸福，只有员工真正感到幸福，他们才能愉快地工作，业绩才能提升，最终也会提升股价。换句话说，如果你认为这是自己的公司，是维护自己利益的公司，那就要全身心投入到工作当中去，把 JAL 建设成一个出类拔萃的好公司。这么做，既不是为了股东，也不是为了某一个人，而是为了我们自己。"

6. 只有改变意识才能彻底改变公司。作为经营者无论自己如何努力，个人的力量是有限的，必须调动公司全体员工的积极性。不能让员工把责任推给别人，必须让全体员工认识到自己也应该努力工作。我们的许多私企，在经营上往往都是私企老板的一言堂。好处是决断问题不拖泥带水。缺陷是独断，无法发挥广大员工的积极性。如果能像稻盛希望的那样，让"每位员工都能与老板一样拥有经营者的意识"，那就要求私企的老板首先放弃独断，放手发动群众。同时，也要求员工能真正把企业当成自己的家。所以，只有改变领导和员工的思想意识才能真正改变公司。

最后，我对作者锅田吉郎深表敬意。他目光犀利，头脑清晰，通过本书开篇和结尾向读者提出了一个千年难解的问题，即"我们为什么工作？"其实，这也是改革开放 30 年后，我们中国人特别是中日的年轻人未来应该思考最多的问题。

我想作者在本书中已经给出了一些答案，稻盛也在他的哲学理念中透露出不同的解法，至于我本人也得出了自己的解释。

"不要轻松的工作，要快乐地工作。只有工作快乐，人生才能更快乐。"

稻盛在本书结束时留下的这两句话，就是我给你们的注解。当然，答案会有成千上万，我期待你和他拿出更多更好更切合自己的答案。

任世宁